最新版
ナポリとアマルフィ海岸周辺
魅惑の絶景と美食旅

祝 美也子

はじめに

　イタリアは私にとってあこがれの国でした。90年代に、はじめて本格的なイタリア料理を東京のレストランで食べた時は、「あぁ、なんておいしい！　こんなにおいしいものを毎日食べているイタリア人ってすごい」と思いました。
　こうしてイタリア料理に対しての好奇心がふくらみ、ついに渡伊！　フィレンツェでは料理教室へ通い、イタリアの各都市を訪ね食べ歩きました。
　あれから早25年以上。インターネットで検索すれば、いろいろな情報を知ることができます。それでも、ネットでは伝わらないのが空気と音そして、におい。
　真夏の太陽が肌を痛めつける暑い空気や、町を歩くと、バールからエスプレッソのにおいが風にのってやってきたり、スクーターが後ろから、ぶ〜んとやってくる音が聞こえたり。

　そしてこのたび執筆の機会をいただき、こうしたネットでは伝わらない「感覚」をこの本を通して、ほんの少しでも感じていただくことができたらと思いました。
　南イタリアの玄関口であるナポリはもちろん、全長50kmにおよぶ起伏に富んだアマルフィ海岸、個性豊かな3つの島カプリ、イスキア、プロチダを中心に、カンパニア州をご紹介します。
　とくに私個人のライフワークである「食」について、やや掘り下げた内容にさせていただいた本書を通して、微力でもみなさまのお役に立てれば、とてもうれしく思います。

Contents

はじめに 2
カンパニア州について 6
カンパニア州MAP 8

ナポリ 9
Napoli
太陽とグルメと海がおもてなし
イタリア第三の都市 10
ナポリMAP 12

ごちゃごちゃだから楽しい
スパッカナポリとその周辺 16

観光に、ショッピングに便利なエリア
王宮とその周辺 34

高台の住宅地からナポリを望む
ヴォメロ地区 44

日用品も食料品もここで調達！ ナポリの朝市 50
ナポリのおすすめホテル 52

ナポリのおいしいもの＆カンパニア州の食材 55
I buoni piatti Napoletani
e le eccellenze della Campania
海、山、火山がもたらす食材王国 56
食事を楽しむために知っておきたいこと 57
ナポリの郷土料理 58
みんな大好き！ ナポリピッツァ 62
癖になる甘さのナポリドルチェ 64
カンパニア州のおいしい食材 66
多様な土着品種を楽しめる
カンパニアのワイン 70

ナポリから行く遺跡＆王宮 71
I scavi e la reggia da Napoli
ポンペイの遺跡 72
エルコラーノの遺跡 76
カゼルタの王宮 78
パエストゥムの遺跡 80

ナポリ湾の島々 81
Le isole del golfo di Napoli
個性豊かな３つの島——
目的を持って楽しんで 82

ローマ皇帝も暮らした優雅な島
カプリ島 84
カプリ島MAP／カプリ地区MAP 85

海底火山でできた、魅惑の温泉島
イスキア島 98
イスキア島MAP／イスキア地区MAP 99

人懐っこい笑顔があふれる漁師島
プロチダ島 114
プロチダ島MAP／
コリチェッラ地区MAP 115

アマルフィ海岸エリアの町 119
I paesi della Costiera Amalfitana e dintorni

ヘアピンカーブと断崖絶壁が続く
ドラマチックな海岸線 120
アマルフィ海岸エリアへのアクセス 122
アマルフィ海岸周辺MAP 123

切り立った断崖絶壁の上にある町
ソレント 124
ソレントMAP 125

世界中を魅了するかわいい景観
ポジターノ 132
ポジターノMAP 133
漁師が発見したエメラルドの洞窟へ 139

海洋共和国がもたらした繁栄
アマルフィ 140
アマルフィMAP 141

アマルフィ海岸を見渡す高台の町
ラヴェッロ 150
ラヴェッロMAP 151

魚醤ソースで脚光を浴びる漁師町
チェターラ 158
チェターラMAP 159

チェラミカの窯元がたくさん
ヴィエトリ・スル・マーレ 162
ヴィエトリ・スル・マーレMAP 163
食べずに帰れない！ アマルフィスイーツ 166

ナポリから日帰り旅
マテーラ＆
アルベロベッロへ 167

旅のヒント 170

おわりに 174

※本書掲載のデータは2024年12月現在のものです。店舗の移転、閉店、価格改定などにより実際と異なる場合があります。また、営業時間や定休日は、時期によってやや変動する場合があります
※2024年12月現在、すべての見どころはオンライン予約が必須です。時期により状況が変わる可能性がありますので、各施設のサイトなどで詳細をご確認ください
※一般的に夏季（ハイシーズン）は4〜10月、冬季（ローシーズン）は11〜3月くらいを指し、イースター休暇で切り替わります
※見どころの終了時間は閉館時間です。入館は閉館時間の1時間半前などになりますのでご注意ください
※「無休」と記載している店舗でも、一部の祝祭日は休業する場合があります
※イタリアでは日本でいう1階が「地上階」、2階が「1階」です。本書では日本の階数表記で掲載しています
※本書掲載の電話番号はすべて現地の電話番号です。イタリアの国番号は「39」です

カンパニア州について

　イタリアは約160年前にやっと南北統一を果たし、イタリア共和国が誕生しました。それまで、長靴の形をした半島に別々の国が多数存在していました。今でも州ごとに個性豊かな文化や習慣が存在するのがイタリアの魅力です。

　全20州のなかでも、カンパニア州は歴史が古く、古代ローマ人が謳った言葉「Campania Felix（幸せな土地）」がこの土地をよくあらわしています。肥沃で何でもよく育つ大地という意味で、恵まれた条件を持つ豊饒の地では苦労せずとも食物が育ち、たわわな恵みをふんだんに与えてくれたわけです。古代ローマの貴族たちは、カンパニアに別荘を持つことがステータスでした。

　ローマからは約200km圏内で、高速鉄道で約1時間と非常にアクセスがいいナポリを州都とし、ナポリ県、南のサレルノ県、北のカゼルタ県、内陸のアベリーノ県、そしてベネベント県という5つの県が存在します。州都ナポリは南イタリアいちの主要都市で、古代ギリシャ植民都市時代からはじまる歴史を持ち、ポンペイやエルコラーノなどの文化遺跡も近くにあります。青の洞窟で知られるカプリ島、イスキア島やプロチダ島などは、ナポリから日帰りで訪れることが可能なリゾート地です。南のサレルノ県は圧巻のギリシャ神殿群パエストゥム、世界のセレブが愛する美しいアマルフィの海岸線を有しています。北のカゼルタ県には南イタリアのベルサイユと呼ばれるカゼルタの王宮や絹織物で栄えたサンレウチョ、ヴァンヴィテッリ水道橋などがあり、世界遺産に認定されています。

　また、本書では紹介していませんが、サレルノ県の南には、個人的におすすめの「チレント地方」が控えています。かなりの田舎でアクセスがよくないので上級者向けですが、古きよき南イタリアとの出会いに感動することでしょう。内陸のベネベント県は、イタリアの背骨と呼ばれるアペンニーニ山脈に近い山間の土地。アベリーノ県は知られざる小さなワイナリーが点在し、ワイン好きな人にとっては聖地となるでしょう。

　カンパニアには考古学、グルメ、温泉、リゾートなどの魅力が凝縮しています。

気候に恵まれ、大地の恵みが豊かで、人が集まる場所。それがカンパニア州です。

カンパニア州MAP

ナポリ

Napoli

太陽とグルメと海がおもてなし
イタリア第三の都市

　ナポリはローマ、ミラノに次ぎイタリアで3番目に人口の多い都市で、「オー・ソレ・ミオ」(明るい太陽を唄った曲)、「サンタ・ルチア」(風光明媚なサンタ・ルチア地区を唄った曲)などのカンツォーネ(イタリア大衆歌謡)そのままの風景が今でも残ります。メルジェッリーナ港からベベレッロ港まで、東西に約3Km続くプロムナードがあり、フランチェスコ・カラッチョロ通り(Via Francesco Caracciolo)からナザリオ・サウロ通り(Via Nazario Sauro)まではルンゴマーレ(海沿いの遊歩道)と呼ばれ、おすすめの散策コースです。卵城からプレビシート広場と王宮、アーケードからのびるトレド通り(Via Toledo)は、活気があふれています。ナポリ市内の中央から東に広がる歴史的中心地のスパッカナポリは、地下に残る古代ギリシャ植民都市時代の街並みの上に、16世紀頃の館が連なっています。丘の上にあるヴォメロ地区は、地下鉄やケーブルカーで簡単に行ける住宅街です。

　紀元前6世紀に入植したギリシャ人が、新しい町をつくる際に使った石切り場や、町の城壁などの遺構が、今でもスパッカナポリエリアに残っています。ローマ帝国に支配された後、ナポリは多国の支配を受けてきました。11世紀にはノルマン人、13世紀にはフランスのアンジュー家(ヌォーボー城やサンタ・キアーラ教会を建設)、16世紀初頭にはスペイン(ナポリ王宮を建設)、さらに18世紀半ばにはブルボン王朝(カゼルタの王宮を建設)、19世紀にはナポレオンの支配下に入ります。その後、1861年に南北イタリアが統一され、イタリア共和国の一都市として現在に至っています。

有名な「ナポリを見て死ね」という言葉は、ゲーテがイタリア紀行のなかで、土地の人がいった言葉として紹介したものです。奥に見えるのはヴェスヴィオ火山。

ナポリMAP

Museo e Real Bosco di Capodimonte
カポディモンテ美術館 [P.24]

スパッカナポリとその周辺MAP (P.14)

ヴォメロ周辺MAP (P.13)

王宮とその周辺MAP (P.15)

- ① Colli Aminei
- Policlinico
- Rione Alto
- Montedonzelli
- Materdei
- Piazza Cavour
- Salvator Rosa
- Museo
- Medaglie d'Oro
- Piazza Dante / ダンテ広場
- Dante
- Duomo / 大聖堂
- Quattro Giornate
- Montesanto / ケーブルカー・モンテサント線
- Morghen
- Vanvitelli
- Via Alessandro Scarlatti
- Via Domenico Cimarosa
- Cimarosa
- Piazza Fuga
- ケーブルカー（チェントラーレ）線
- Duomo
- Corso Umberto I
- Via Nuova Marina
- Toledo
- Università
- Porta di Massa / ポルタ・ディ・マッサ港
- Augusteo
- Municipio
- アリブス♀ (空港シャトルバス)
- Molo Beverello / ベベレッロ港
- Mercatino di Parco Virgiliano
- ヴィルジリアーノ公園の朝市 [P.51] へ
- Posillipo / ポジリポ岬へ
- 地下鉄2号線
- Piazza Amedeo
- Parco Margherita
- Via Chiaia
- Mostra
- Piazza del Plebiscito / プレビシート広場
- Napoli Mergellina
- 地下鉄6号線
- San Pasquale
- Riviera di Chiaia
- Via Santa Lucia
- Via Nazario Sauro
- Mergellina / メルジェッリーナ駅
- Via Francesco Caracciolo
- Via Partenope
- Porto di Mergellina / メルジェッリーナ港

N 500m

12

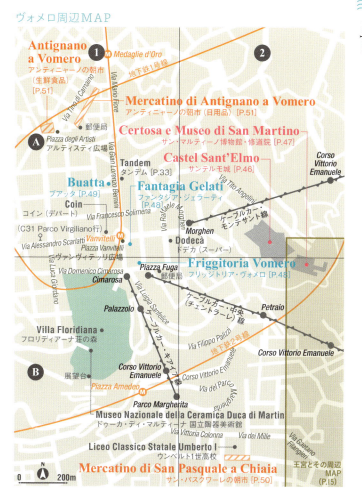

スパッカナポリとその周辺MAP

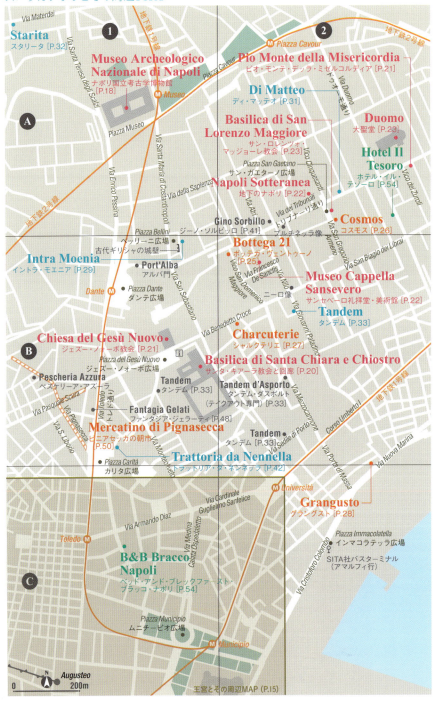

Spacca Napoli e suoi dintorni
スパッカナポリとその周辺

イタリアの他都市の歴史地区は観光客向けの商店街になっているところが多く、今でも多くの人が暮らしているのはめずらしい。

Napoli

ごちゃごちゃだから楽しい

　南イタリアにはギリシャ植民都市がたくさんありましたが、ナポリもギリシャ人の入植で紀元前6世紀につくられたといわれています。新しい町をギリシャ語でネアポリスと呼び、それがなまってナポリになりました。

　そのギリシャ時代の遺跡が残るのが現在のスパッカナポリエリアで、ユネスコの世界遺産にも登録されています。ギリシャ人たちは城壁を築き、そのなかに町をつくりました。その城壁の一部が地下鉄Dante駅近くのベッリーニ広場の地下に残っています。その後、古代ローマ人がさらに町を機能的に拡張します。サン・ガエターノ広場付近の地下では、皇帝ネロも訪れた劇場や市場、道路などの遺跡をガイドつきツアーで見ることができます(P.22)。そして地上には中世、スペイン政権支配下時代に建てられた貴族の館が今も残り、現代人がそのなかで生活する多世紀な空間です。このエリアはナポリらしい生き生きとした空気を感じられる場所です。お金持ちとそうでない人が同じ建物に仲よく暮らし、お菓子屋にブティック、魚屋、八百屋などが並び、雑多でカオスな雰囲気はたくましいナポリの象徴です。

　中心地区の「スパッカナポリ」は、ナポリを割るという意味で、古代ギリシャ時代につくられた東西にまっすぐにのびる3本の幹線道路(デクマーニ)のひとつ、ベネデット・クローチェ通り(Via Benedetto Croce)(P.46写真)が、丘の上から見るとナポリを左右ふたつに分けているように見えることに由来します。平行するトリブナーリ通り(Via dei Tribunali)と並んでとくに活気があり、ナポリ観光でははずせない人気スポットになっています。

MAP＊P.14

1／ダンテ広場近くのアルバ門あたりは古本屋がいっぱい。　2／いつも空腹な仮面演劇の主人公プルチネッラは、ナポリ人の化身とも？　3／ジェズー・ノォーボ広場。塔の頂点にはブロンズのマリア像が。　4／静寂で癒される、サンタ・キアーラ教会と回廊。

Museo Archeologico Nazionale di Napoli

ナポリ国立考古学博物館

ポンペイ発掘品の本物を展示

　赤い建物は16世紀、騎兵隊宿舎として建てられたもの。1階にはスペイン王カルロ3世の母方のファルネーゼ家から譲り受けた数々の彫刻が、展示されています。ローマから出土したものが多く、どれも3mを超える圧巻の彫刻です。2階へ行くと、ポンペイやエルコラーノを含むナポリ近郊の古代ローマ時代のモザイク群が。アレクサンドロス大王とダレイオス3世の戦を描いた「イッソスの戦い」では高い技術に、メメント・モリでは彼らの人生哲学に触れられます。3階にはフレスコ画と銀食器、火鉢、ガラス製品など邸宅からの出土品が展示されています。エルコラーノから出土した熱で黒く変色したブロンズの彫刻群も見逃せません。

高い技術力を感じさせる青い吹き硝子のカメオ。天使がブドウを収穫する姿が彫られています。

10万以上の兵士に対し、わずか4万で対戦し勝利したアレクサンドロス大王。

紀元前333年にマケドニア軍を率いるアレクサンドロス大王が、ペルシャ王ダレイオス3世に圧勝した「イッソスの戦い」。

Napoli

1／ラテン語のメメント・モリ（いずれ必ず死ぬ）をテーマにした作品。メメント・モリには「今を楽しめ」という意味が込められています。　2／木箱に保管されていた銀食器はポンペイのメナンドロスの家から出土したもの。　3／高価な色つきの石でできたモザイクは、貴族や裕福な人たちが邸宅の装飾に好んで使っていました。　4／「パン屋の夫婦」と呼ばれる、テレンティウス・ネオとその妻の肖像画。　5／1階はファルネーゼ家の彫刻群、2階はモザイク、3階は食器やガラスなどの出土品、ブロンズ彫刻群、フレスコ画が展示されています。

Piazza Museo,18/19 Napoli
081-4422149
www.mann-napoli.it
9:00〜19:30、火曜休（火曜が祝日にあたる場合は水曜休）
€20
MAP＊P.14 A-1

1／マヨルカ焼きはイスラム支配下のスペイン、マヨルカ島から伝わりました。　2／フレスコ画の聖母子像。　3／アンジュー家のロベール王を祀る教会内の中央祭壇。

Basilica di Santa Chiara e Chiostro

サンタ・キアーラ教会と回廊

地中海風のタイル図柄が素敵

　教会は第二次世界大戦で爆撃を受け火災に遭い焼失。1310年、アンジュー家のロベール王が建設したオリジナルをもとに、ゴシック様式で再建されました。教会を正面にして奥に併設されたクラリッセの回廊は必見。壁は聖人たちのフレスコで飾られ、回廊奥には博物館があり、古代ローマ時代のテルメ跡もあります。回廊に囲まれた中庭にはブドウや花を描いたマヨルカタイルで飾られた八角形の柱が立ち、ベンチがおかれています。修道女の日常生活や田園生活、ギリシャ神話など図柄は一つひとつ異なり、見ているだけで楽くなります。外の喧騒が信じられないほど静かで、ここで生活した修道女たちの気持ちを感じられます。

キリストの生誕を人形とジオラマで表現するナポリの伝統文化、プレセーペ。回廊の出口にあります。

Via Santa Chiara, 49C Napoli
081-5516673
www.monasterodisantachiara.it
教会8:00～12:45、
16:30～20:00、無休
回廊9:30～17:00、
日曜・祝日10:00～14:00、
1月1日・12月25日休
■教会無料、回廊€7
MAP＊P.14 B-1

Chiesa del Gesù Nuovo

ジェズー・ノォーボ教会

ナポリ・バロックの華

　観光案内所がある大きな広場に面した教会で、おろし金のような石積みの外壁が印象的。一見、「教会っぽくない」のは、1500年代後半に貴族の屋敷として使われていた建物を再利用しているためです。内部は荘厳なバロック装飾で、右奥には医者であり聖人のジュゼッペ・モスカーティの礼拝堂があります。

1／イエズス会の教会で、フランシスコ・ザビエルは創設メンバーのひとりです。　2／教会内部はとても広く中央祭壇にはマリア像が。パイプオルガンなどもあります。

Piazza del Gesù Nuovo,2 Napoli
081-5578111
www.facebook.com/gesunuovo/
7:00～13:00、16:00～20:00、無休　■無料
MAP＊P.14 B-1

Pio Monte della Misericordia

ピオ・モンテ・デッラ・ミゼルコルディア

「7つの施し」を探そう

　画家カラヴァッジョの作品「7つの施し」で知られる教会。貧者や病人を救済していたピオ・モンテ・デッラ・ミゼルコルディア同心会（慈悲団体）による「死者の埋葬」、「受刑者の訪問」、「空腹者への施し」、「衣服の施し」、「病気の治療」、「飲みものの施し」、「巡礼者の歓待」という7つの行いがひとつの絵のなかに描かれています。

1／1606年、ローマで殺人を犯し、ナポリに逃亡中のカラヴァッジョが描いた「7つの施し」。構図が凝った作品です。　2／八角形の礼拝堂内部。1602年に同心会が教会を建設しました。

Via dei Tribunali,253 Napoli
081-446944　www.piomontedellamisericordia.it
10:00～18:00、日曜9:00～14:30、無休
■€10
MAP＊P.14 A-2

Museo Cappella Sansevero
サンセベーロ礼拝堂・美術館

石と思えないやわらかさを表現

　中央の彫刻はジュゼッペ・サンマルティーノ作のベールをかぶったキリスト。かたい大理石なのに、やわらかなベールの下で彫刻が息をしているような錯覚に陥ります。階段を下りると、かなりグロテスクな男女2体の血管像があり、科学者でもあった礼拝堂のオーナーの愛人とその妻という伝説が残っています。

内部中央祭壇の左右を飾る美しい作品も含め、23体以上の彫刻が飾られています。

Via Francesco De Sanctis,19/21 Napoli
081-5524936
www.museosansevero.it
9:00〜19:00、火曜休　　€12
MAP＊P.14 B-2

地下40mの別世界を体験！

　古代ギリシャ人がナポリに入植し、地下の石を切り出して地上に建物をつくり、都市にしました。石切りで生まれた大きな空洞に目をつけた古代ローマ人は貯水槽に使い、中世には井戸として、また第二次世界大戦中は防空壕として使用されました。現在はガイドの説明を聞きながら徒歩で、地下の巨大空間を見学できます。

Napoli Sotteranea　地下のナポリ

Piazza San Gaetano,68 Napoli　081-296944
www.napolisotterranea.org
イタリア語ガイドツアー10:00〜18:00の毎時、英語ガイドツアー10:00、12:00、14:00、16:00、18:00催行、無休
　　€15（イタリア語または英語のガイドつき）
MAP＊P.14 A-2

1／ツアーは2部に分かれていて、第2部では近くのローマ時代の円形劇場跡を見学できます。　2／地下は常に18℃程度なので、真夏でも羽織るものがあると便利。　3／入り口は少し奥まった場所にあります。

Basilica di San Lorenzo Maggiore

サン・ロレンツォ・マッジョーレ教会

古代ナポリのど真ん中へ

　1200年代、古代ローマ時代の遺跡の上に建てられた教会で、1700年代に完全に改築されましたが、中央祭壇横には今も古代ギリシャ、ローマ時代のモザイクが残っています。併設された回廊の地下には考古学ゾーンがあり、古代ローマ時代の市場や道路、邸宅、水道管など当時の生活の跡を見ることができます。

Piazza San Gaetano,316 Napoli
081-2118060
www.laneapolissotterrata.it/it/home/
教会9:00〜18:00、考古学ゾーン9:30〜17:30、無休
■教会無料、考古学ゾーン€9
MAP＊P.14 A-2

1／邸宅の床を飾っていた古代ローマ時代のモザイク。
2／古代ローマ時代の市場跡。考古学ゾーンは小さなポンペイのよう。　3／教会の入り口はサン・グレゴリオ通りに面していて、考古学ゾーンの入り口はその右手にあります。

Duomo

大聖堂

ナポリの守護聖人を祀る教会

　教会内部右側にある聖人ジェンナーロを祀る小礼拝堂は、まさにナポリ人の心の拠りどころ。年3回、血の溶解の奇跡のミサが行われます。左側にはサンタ・レスティトゥータ礼拝堂があり、5世紀につくられた美しいモザイクがあるサン・ジョバンニ・イン・フォンテの洗礼堂や、12世紀の聖母子像モザイクを見られます。

1／奇跡のミサが行われる聖ジェンナーロ礼拝堂。血が溶けないと、ナポリに災いが起こるといわれています。
2／中央祭壇地下礼拝堂には聖ジェンナーロの遺骨が。
3／1322年レッロ・ダ・オルビエート作、モザイクの聖母子像。

Via Duomo,147 Napoli
081-449097
8:00〜12:30、16:30〜19:00、日曜8:00〜12:30、無休
※ミサ中は入場不可
■無料
MAP＊P.14 A-2

1／ルネサンス期の巨匠でヴェネツィア派の画家、ティッツィアーノのコレクション。 2／パルミジャニーノの作品「アンテア」。パルミジャニーノはルネサンス盛期の誇張、歪曲などを特徴としたマニエリスム様式を代表する画家。 3／カラヴァッジョ「キリストの笞打ち」は1607～1608年の作品。光と影、明暗が多分に使われています。 4／館内にはダンスフロア、新古典主義、磁器で装飾された部屋も。美術館へのアクセスは、市バスもありますがとくに夕方以降、タクシーの利用がおすすめ。

Museo e Real Bosco di Capodimonte

カポディモンテ美術館

食器やカップのデザインは独創性があり、見ているだけで楽しめます。

ブルボン王朝の絵画と磁器は必見

　スペイン王カルロ3世が、母より受け継いだファルネーゼ家の膨大な美術品を貯蔵するためにつくった王宮。現在も王家の部屋の一部が見学可能です。王妃マリア・アマリアはマイセン焼で知られる生まれ故郷のザクセンから職人を呼び、ここに王家のための磁器をつくる窯を建設しました。館内にはその窯で焼かれたカポディモンテ焼のコレクションも展示されています。2階にある「教皇パウルス3世」の肖像など画家ティッツィアーノのコレクション群や、パルミジャニーノが描いた毛皮をまとった優美な女性「アンテア」も必見。3階には宗教画が多く、マサッチオの「磔刑」やカラヴァッジョの「キリストの笞打ち」などを見ることができます。

Via Miano,2 Napoli
081-7499111
capodimonte.cultura.gov.it
2F8:30～19:30、日曜・祝日10:30～16:30、3F8:30～17:00、土日曜・祝日休（3Fのみ）・水曜休（全館）
※毎月第1日曜の無料拝観日は上記時間帯とは異なるためサイトで確認を。また、部屋により不定期閉鎖あり
€15
MAP＊P.12 A-2

Bottega 21
ボッテガ・ヴェントゥーノ

長く使える！ イタリアンレザーの鞄

　革製品の加工や染色分野で、イタリアは非常に長い歴史と伝統があります。「父は手袋、母は靴をつくっていたんだ。子どもの頃から革のにおいや手触りに慣れ親しんできたからね」と、オーナーのリーノさん。2012年、ナポリの旧市街地に自分のショップをオープン。工房はショップのすぐそばにあり、毎日一つひとつ、バッグや小物を手づくりしています。ラインアップはヨーロッパスタイルのシンプルなデザインのものが多く、長く使えそうなバッグや小物、ジャケットなど。人気はリュックやポシェット、メンズ向けのバッグだとか。ベーシックな色も素敵ですが、せっかくならイタリアらしい発色のいい素敵な一点を見つけてみては？

発色のいいスウェードは、リュック、小さめのポシェットやバッグが人気。

1／デザインから縫製まで、すべての工程がハンドメイドで行われています。　2／レディース、メンズともに、財布やキーケースなどのアイテムが€25から見つかります。

Vico San Domenico Maggiore,21
Napoli
081-0335542
www.bottegaventuno.it
10:00〜20:00、日曜・祝日休
MAP＊P.14 B-2

「3つのR」が込められたお守り
コルノ

　ナポリの街角では、赤い唐辛子のようなキーホルダーをよく見かけます。実は赤い牛の角を模したコルノと呼ばれるお守りです。コルノはRosso（赤）、Rotto（壊れた）、Regalato（プレゼントされたもの）という3つのRがそろうと縁起がいいそうです。そのため、人にプレゼントされてはじめて効果を発揮するといわれ、自分のお守り用に買っても意味がないそう。壊れたり割れたりしたら、邪気からその人を守った証拠で、水で洗って捨てます。コルノをプレゼントする際は、心臓のある左の手のひらをコルノの尖った部分で3回つついて、コルノを手のひらで包んでぎゅっと握りしめてから渡すとよりいいそうです。

テントウムシは「幸せ」、バラは「愛」の意味が込められたコルノ（小）は箱入りで各€15。

Cosmos　コスモス

唐辛子じゃなく、赤い角です

　スパッカナポリのサン・グレゴリオ・アルメーノ通りには、コルノを売るお店がたくさん並んでいます。コスモスは20年以上続くコルノ専門店で、箱入り、スパイラル・コルノ、それぞれ意味を持つバラやブドウ柄など、おみやげにぴったりなかわいいデザインが豊富です。

Via San Gregorio Armeno,5 Napoli
081-19351165
www.cosmosangregorioarmeno.com
10:00〜19:00（日曜14:00）、祝日休
MAP＊P.14 A-2

1／エスポジト・ファミリーのエンゾさん（左）とアントニオさん（右）さんが、いろいろな食材を提案してくれます。　2／オーガニックのオリーブオイルもガラス瓶と缶入りがあり、手頃な大きさです。　3／かわいいパッケージのトローニ・バーチ。なかには個別包装されたチョコレートが。

Charcuterie

シャルクテリエ

おみやげにしたい！ 高品質食材がずらり

　スパッカナポリのメインストリートに位置し、アクセスしやすい場所にあります。隣に似たような食材店が並んでいますが、品ぞろえが違います。オーナーのエスポジト・ファミリーはお父さんが元パン職人、息子さんたちは調理師学校を卒業していて、料理や食材に強いこだわりが。そんな彼らがリサーチして、イタリア中から仕入れた食材が所狭しと並びます。ワインやオリーブオイル、パスタにチョコレートなど買って帰りたくなるものばかり。また、お店の奥にはチーズやハムのショーケースもあり、地元の人たちが買いものに訪れます。ふたりだけイートインできるテーブルと椅子があり、カンパニア産の水牛のモッツァレラを味わうことも可能です。

ブロンズのダイス（絞り口）でつくられたナポリ産の絶品パスタ、セターロも1kg€5のお手頃価格。

Via Benedetto Croce,43 Napoli
081-5516981
www.facebook.com/charcuterie.napoli
9:00〜20:00（日曜17:00）、冬季の日曜午後休
MAP＊P.14 B-2

1／高級パスタの産地グラニャーノのパスタメーカーの商品が、ほとんどそろっています。　2／思わず試したくなる、黒、白のトリュフ味のポテトチップス。　3／シチリア島のツナパテシリーズ。パンやクラッカーにのせればすぐおつまみになります。　4／アメデイ社のチョコレートは、人気のピスタチオやヘーゼルナッツ入りも販売。

Grangusto
グラングスト

イタリア全土の人気食材が勢ぞろい

　ベベレッロ港から中央駅方面に10分ほど歩いた場所にあるスーパー。一見普通のビルなので入り口が少しわかりづらいのですが、1階はパンや生鮮品などごく一般的な品ぞろえです。2階はイタリア各地の高品質な食材を集めた売り場になっていて、オリーブオイルをはじめパスタやジャム、蜂蜜、チョコレートなどおみやげによろこばれそうなものが見つかります。とくにカンパニア州、グラニャーノ産のパスタ(P.68)の品ぞろえが充実。その他、シチリア産のマグロのパテシリーズ、イタリアの高級チョコレートメーカーとして知られるアメデイ社の板チョコなどもおすすめです。チーズやサラミの種類もかなり豊富です。

Via Nuova Marina,5 Napoli
081-19376800
www.gran-gusto.it
7:00〜23:00、無休
MAP＊P.14 B-2

Intra Moenia
イントラ・モエニア

出版社が経営する文壇カフェ

　アルバ門近く、古代ギリシャ時代の城壁が地下に残るベッリーニ広場にはカフェが並び、音楽家や文筆家など芸術関係の人たちが集います。世界遺産に登録されたスパッカナポリエリアの評判を上げるべく歩行者天国などを提案し、実現させてきた出版社が営むこのカフェもそのひとつ。個人的には緑あふれるトロピカルな雰囲気のベランダ席がおすすめですが、個性的な装飾の室内席や外のテラス席も素敵。ランチタイムは一般的なバールと違い、サラダやパスタ、サンドイッチなどの軽いランチを取ることも可能です。エスプレッソコーヒーやカプチーノ、紅茶などのドリンクは€5程度が目安です。スパッカナポリの散策中に立ち寄ってみては？

1／夏の定番エスプレッソと氷をシェイクしたカフェ・シャケラート（Caffe Shakerato）。
2／1989年創業。店内のインテリアは古代ギリシャ、ローマ時代の雰囲気。

3／考古学博物館から徒歩5分ほどのベッリーニ広場付近には、多くのカフェが立ち並んでいます。　4／ゆったりとしたベランダ席は、夏でも外より涼しい場合が。5／ナポリの見所が描かれているじゃばら式カレンダーも。

Piazza Bellini,70 Napoli
081-451652
www.intramoenia.it/caffe-letterario/
10:00〜24:00（金〜日曜翌2:00）、無休
英語メニュー ○
MAP＊P.14 B-1

エスプレッソが育んだバール文化

　挽き立てのコーヒー豆の香り、食器が触れ合う音、エスプレッソマシーンの蒸気音——。ナポリの町中にはびっくりするほど多くのバール（コーヒーショップ）が存在します。小さなカウンターだけで、テーブル席がないところがほとんど。地元の人は一日数回、エスプレッソを飲みに行きます。人それぞれ「行きつけのバール」があり、出勤前に、オフィスの休憩中に、ランチの後にと、平均一日3杯程度飲みます。

　バールで使われているカップは分厚い磁器のものが主流ですが、ガラスやプラスチックなどもありそれぞれ好みも違います。砂糖に関しては、すでに砂糖を加えたズッケラート（Zuccherato）なのか、自分で砂糖を入れたいのか、それともアマーロ（Amaro／砂糖なしのブラック）か——。それぞれのお客のニーズに応えるバールマンは大変ですが、ベテランは常連客の好みをすべて把握しています。ナポリが産んだ大俳優トト（Toto）も映画「ラ・バンダ・ディ・オネスティ（La Banda degli Onesti）」のなかでコメディーを交え、砂糖を加えるバールのシーンを演じています。

　それほどまでに日常的な飲みものだからこそ、経済的な理由であたたかいエスプレッソをバールで飲むことのできない人たちのために、保留コーヒーというシステムが第二次大戦中にはじまりました。助け合いを重んじるナポリの人たちの伝統で、ナポリを本拠地とするサッカーチームSSCナポリのオーナーは、有名なバールに行くと、一度に20〜30杯の保留コーヒーを提供しているそうです。

　座ってゆっくり会話を楽しむお店はグラン・カフェというカテゴリーで、バールとは一線を画します。イタリアでは座ると座席料がかかり、カウンターで飲む料金の倍程度になるのが普通で、注文や会計はテーブルで行います。買ったものを持ってテーブルに移動するのはタブーです。

1／ナポリでは、エスプレッソを頼むと、水がついてくることがほとんど。　2／注文も会計もすべてテーブルで行うグラン・カフェは、ゆっくりと会話を楽しむ場所。　3／きびしい状況の人も、あたたかい一杯に救われる、カフェ・ソスペーゾ（保留コーヒー）活動。

Napoli

1／フレッシュトマトと水牛のモッツァレラは人気の組み合わせ。ブーファラ・アル・フィレット（Bufala al filetto）。　2／ゼッポレ（Zeppole ゼッポラの複数形）は塩味がきいたスナックのようで、モチモチした食感が◎。ナポリの伝統料理のひとつ。　3／2種のチーズが入った揚げピッツァ（Pizza Fritta）も意外と軽い食感で絶品！

Di Matteo
ディ・マッテオ

クリントン元大統領が食べたピッツァ

　1994年ナポリでサミットが行われた際、SPを引き連れて突然下町にあらわれたクリントン大統領。ピッツァはイタリアで生まれ、移民とともにアメリカに渡り、世界的料理として広がりました。本場でぜひ食べてみたい！と思ったのでしょうか？　そんな夢のような驚きの一夜の写真が、お店の入り口に飾られています。店先では、テイクアウト用の小さいサイズのピッツェッタ（Pizzetta）やアランチーノ（Arancino／ライスコロッケ）、フリッタティーナ（Frittatina／パスタのコロッケ）なども売られています。テイクアウト用のカウンター脇から店内に入ったら2階のイートインコーナーへ。メニューも豊富で、予算はひとり€15程度です。

Via dei Tribunali,94　Napoli
081-455262
www.pizzeriadimatteo.com
10:00〜23:30、日曜・8月の2週間休
英語メニュー　○
MAP＊P.14 A-2

1／ピッツァはトッピングの多いものでも1枚平均€10程度。トッピングの種類も豊富です。　2／基本的にピッツァの注文はひとり一枚。お腹に余裕があればぜひ、甘い甘いデザートをどうぞ。　3／地元の人はメインのピッツァの前に、前菜として揚げものを注文する人が多いです。

Starita
スタリータ

100年以上の歴史を誇る下町の名店

　地下鉄マテルデイ駅より徒歩約5分。治安がいいとはいえない路地にありますが、行列が絶えない人気店です。創業1901年と歴史が古く、ナポリでピッツァを焼き続けてきた名店。常に生地とトッピングのバランスがよく、ピッツァの種類も豊富です。マリナーラ・スタリータ(Marinara Starita)は、フレッシュトマトと黒コショウ、パルミジャーノ・レッジャーノがのっていて、一般的なトマトソースのマリナーラと違います。看板メニューのアンジョレッティ(Angiolotetti)は、ピッツァ生地をフィンガータイプにカットしてフライにし、トマトとルッコラをあえたサラダ感覚の一皿。同じ生地にヌテッラやピスタチオクリームをかけたデザートも大人気です。予約不可なので、開店直後に来店を！

地下鉄Materdei駅から徒歩5分ほど。路地歩きは十分に気をつけて。心配な人はタクシーの利用を。

Via Materdei,27/28 Napoli
081-5441485
www.pizzeriestarita.it/en/
12:00〜15:30、19:00〜23:30、
月曜・1月1日・12月24・25・31日休
英語メニュー　○
MAP＊P.14 A-1

Tandem

タンデム

スパッカナポリの中心、ニーロ像がある場所から1本入った道沿いにあります。

ナポリ初のラグー専門店

　豚肉と牛肉のさまざまな部位を使い、長時間加熱して肉のうまみを凝縮してつくるトマトのラグーソース。コトコトと弱火で煮込む時間のかかる料理で、ナポリの一般家庭ではその昔、日曜のランチのために金曜から仕込んでいたそう。2013年にナポリ初のラグーの専門店としてオープンし、現在市内に7店舗あります。パスタまたは、パンでスカルペッタ（パンでソースをすくって食べること）のどちらかで注文します。煮込んだやわらかいお肉が、ゴロゴロ入っています。塩味が少しきつめなので、個人的にはラグーとリコッタチーズのパスタが好み。予算は飲みもの抜きでひとり€20程度です。

1／パスタは両端にひだのあるマンフレーディ。少し太めでもっちりしています。市内のテイクアウト専門店（MAP＊P.14 B-2）ではパンにラグーを詰めたものなども販売。　2／少し発砲したナポリ近郊のグラニャーノ産の赤ワインはラグーと相性がいいです。

Via Giovanni Paladino,51 Napoli
081-19002468
www.tandemnapoli.it
11:30〜23:30、
1月1日・12月24・25・31日休
英語メニュー ○
MAP＊P.14 B-2（P.13 A-1、P.14 B-2ほかにも店舗あり）

Palazzo Reale e suoi dintorni
王宮とその周辺

スペイン人建築家オスカー・トゥスケがデザインしたトレド駅。深海にいるような気分になれます。

観光に、ショッピングに便利なエリア

　スペイン支配下以降の建物が多く残る王宮周辺には、ナポリでいちばん大きなプレビシート広場、市庁舎があるムニチーピオ広場、ヌォーボ城、サンカルロ劇場、ウンベルト1世のアーケードと見どころが集中しています。島へ向かう高速船の発着港もあり、ナポリ滞在中に必ず訪れるエリア。中世から19世紀の多時代の建築物が点在しています。

　街歩きの起点は、ナポリでいちばん大きなプレビシート広場がおすすめです。広場から北へ続くトレド通り(Via Toledo)は、ナポリいちのショッピングストリート。歩きはじめてすぐ、右手にガラス張りの大きなドームを持つアーケード（ガレリア）があり、さらに真っすぐ進むとスパッカナポリの玄関口、ダンテ広場に到着します。トレド通りの下を走る地下鉄1号線はアート地下鉄といわれ、とくにトレド駅は2013年に建築デザインのリーフ賞を受賞した素敵な駅で、観光の新名所になっています。トレド通りの西側はスペイン地区と呼ばれています。スペイン政権下、王宮の護衛をする憲兵たちの家がたくさん必要になり、碁盤の目のように路地が交差するエリアをつくり住居区にしました。細い路地が続き治安があまりよくないエリアなので、注意が必要です。けれど最近は、トレド通りから2ブロック目ぐらいまでレストランが多く並び注目を集めていて、人の流れもかわりつつあります。

　プレビシート広場からすぐのキアイア(Via Chiaia)通り、その先のブランドショップが並ぶガエターノ・フィランジィエーリ(Via Gaetano Filangieri)通りなどは、魅力的なショッピングストリート。広場の南側はサンタ・ルチア地区で、これぞナポリ！ な景色を堪能できる遊歩道が海に沿って続き、卵城がそびえ立ちます。

MAP＊P.15

1／海沿いにのびるパルテノペ通り(Via Partenope)には、飲食店がいっぱい。　2／トレド通りは1500年代の半ばに整備されました。　3／地下鉄Municipio駅の上に広がるムニチーピオ広場。　4／プレビシート広場に建つサン・フランチェスコ・ディ・パオラ聖堂。

1／美しい歌声で船乗りを誘惑するギリシャ神話のセイレーン(人魚)伝説にも登場する卵城。　2／展望台からはサンタ・ルチアのヨットハーバー、奥にはヴェスヴィオ火山が一望できます。

Castel dell'Ovo e Santa Lucia
卵城とサンタ・ルチア

ナポリを象徴する風景ならここ

　ナポリ湾に沿って、メルジェッリーナ港からベベレッロ港まで続く全長約4Kmの遊歩道ルンゴマーレは、ナポリ市民の定番散歩スポット。カプリ島やヴェスヴィオ火山を望む絶景を楽しめます。メルジェッリーナ港付近にはカフェやジェラート屋が並んでいます。ルンゴマーレの中間地点あたりにある小島に建つのが卵城で、このあたりがサンタ・ルチア地区。城の名前は、古代ローマ詩人のヴィルギリウスが建物のなかに卵を隠し、卵が割れなければナポリは安泰だと語ったといういい伝えに由来しています。橋を渡り城内に入ると、屋上は大砲が展示された展望台になっていて、ポジリポ岬やカプリ島が見えます。1139年、ノルマン王ルッジェーロ王により要塞化され、時代に合わせて改築されました。

卵城には、セイレーンの亡骸が埋葬されているといわれています。

Via Eldorado,3 Napoli
081-7956180
www.comune.napoli.it/
casteldellovo
9:00〜20:00(日曜・祝日18:00)、無休
🎫無料
MAP＊P.15 C-2
※2024年12月現在、卵城は修復中のため場内入場不可

Teatro di San Carlo
サンカルロ劇場

ヨーロッパで現役最古のオペラ劇場

　スペイン王カルロ3世により1737年11月4日(王の聖名祝日)、サンカルロ劇場のこけら落としが行われました。ところが1816年に役者の控室におかれたオイルランプより引火して火災が発生し、焼失。その後再建され、現在に至ります。劇場内は、英語またはイタリア語のガイドつきツアーで見学できます。古典を現代的に再生させた新古典主義の装飾が見事で、白や金のカルタペスタと呼ばれるレリーフや天井画が目を引きます。舞台上の白いアーチにはめずらしい時計があり、左横の両手を広げた人物はナポリのパルテノペで、ほかに歌(Canta)、詩(Poeta)、舞(Danza)をあらわす女神が描かれ、当時の華やかな装飾を堪能できます。

1／パルテノペという名の美しいセイレーン(人魚)が自殺し流れ着いた場所がパルテノペと呼ばれるようになり、現在のナポリのはじまりだといわれています。　2／劇場正面入り口の右横に、併設のカフェ専用の入り口があります。伝統的なお菓子と喫茶、アペリティーボを広々としたスペースで。

3／上から見ると馬蹄型にカーブしているバルコニーボックスの客席。中央はロイヤルボックス。　4／竪琴を持った音楽の神アポロが、芸術の女神アテナに才能豊かな詩人たちを紹介するシーンを描いた天井画。

Via San Carlo,98 Napoli　081-7972412 (予約センター)
www.teatrosancarlo.it
イタリア語ガイドツアー10:30〜、12:30〜、14:30〜、16:30〜、
イタリア語&英語ガイドツアー11:30〜、15:30〜、
無休(ただし技術リハーサルなどのため、ツアーが催行されない場合あり)
　　　　■€9
MAP＊P.15 B-2

1／天井近く、部屋を囲む金の女性のレリーフの下に、1818年当時に支配下だった14の州名が書かれています。
2／王宮内の扉を彩る愛らしいモチーフは、経年劣化の少ないテンペラ画。

Palazzo Reale
王宮

歴代ナポリ王の像がお迎え

　1604年、スペインのフェリペ王を迎えるために建設がはじまりましたが、王がここを訪れることはありませんでした。そして1734年、ナポリを征服したスペイン王カルロ3世が居を構えるために修復と増築を行いました。息子フェルディナンド王の時代には、オーストリアのハプスブルグ家出身のマリア・カロリーナ（フランスのルイ16世王妃マリー・アントワネットの姉）との結婚を機に宮廷劇場などもつくられました。実はフランスへは彼女が嫁ぐはずだったといわれています。2階が見学可能で、宮廷劇場や謁見控えの間、王座があるほか、海側には女王マリア・カロリーナのために18世紀につくられた回転譜面台がある王家の書斎、サロン、寝室などがあります。

3／1861年イタリア統一後、プレビシート広場に面した王宮の1階部分に歴代の王の像がおかれました。　4／1837年の火災後再建された大階段。トスカーナ州カッラーラの大理石を使用し、天井には浮彫装飾が。

Piazza del Plebiscito,1 Napoli
081-5808255
palazzorealedinapoli.org
9:00〜20:00、
水曜・1月1日・12月25日休
€15
MAP＊P.15 B-2

Castel Nuovo

ヌォーボー城

歴史を感じる優美な建築

　ベベレッロ港前、ムニチーピオ広場のすぐそばという町の中心部に位置します。1282年フランスのアンジュー家のシャルル王が竣工した城で、正面に3つ、後方にふたつの円塔を持ち、上から見ると台形になっています。正面入り口には、1443年にスペインのアラゴン家アルフォンソ王がナポリ陥落を記念してつくった大理石の凱旋門があります。

Via Vittorio Emanuele III, Napoli
081-7957703
www.comune.napoli.it/maschioangioino
8:30〜18:30、日曜・祝日休
€6
MAP＊P.15 A-2

ナポリ市の紋章のデザインにもヌォーボー城が使われています。城の横には地下鉄Municipio駅があります。

Galleria Umberto I

ウンベルト1世のアーケード

星座のモザイクが印象的

　1890年に完成したアーケード。曲げ鉄にガラスをはめ込んだドーム型の大きな天井は、当時、最新技術の建築法でした。ドームの高さは57ｍあり、壁面の装飾は1800年代末から1900年代初頭のパリで開花したアール・ヌーボー（イタリアでは「リバティ」と呼ばれる）様式です。アーケード内には郵便局やカフェ、ショップがあります。

1／完成当時はアーケード内に芸術家が集う有名なカフェがあり、人が絶えなかったそうです。　2／ガラスのドーム真下には、12星座のモザイクが張られています。

Via San Carlo,15 Napoli
MAP＊P.15 A-2

1／エスプレッソ€5（座って飲む場合）。お菓子と合わせて予算は€15程度。　2／外はサクサクのスフォリアテッラ生地、なかはラム酒のしみたババが入ったヴェスヴィオ。　3／バリスタが氷とエスプレッソをシェイクしてつくるカフェ・シャケラートは、夏の飲みもの。

Gran Caffè Gambrinus
グラン・カフェ・ガンブリヌス

160年の歴史！ ナポリのアイコンカフェ

　創業1860年の歴史深いカフェで、ローマ法王、各国首相、イタリア芸能界の人たちなど、国内外の著名人がナポリを訪れると必ず立ち寄ります。バンコと呼ばれるカウンターの立ち飲みコーナーは、いつも大にぎわい。座席は外のテラス席と室内のサロン・ド・テがありますが、室内のほうがおすすめです。1800年代末のイタリアンリバティ様式の内装を愛しながら、ゆっくりと優雅なコーヒータイムを過ごしましょう。ナポリの人気ドルチェ、ババやスフォリアテッラはもちろん、このふたつをあわせたヴェスヴィオ（Vesuvio）というオリジナルのお菓子もあります。店内で使用されているリチャードジノリのロゴ入りカップもショップで購入できます。

お菓子の種類が豊富にそろっているのは午前中。日曜は家族の会食向けにお菓子を買う人たちで込み合います。

Via Chiaia,1/2 Napoli
081-417582
grancaffegambrinus.com
7:00〜24:00、無休
MAP＊P.15 B-2

Mary
マリー

スフォリアテッラの種類が豊富

　ウンベルト1世アーケードのトレド通りに面した出入り口横にある小さなナポリ菓子専門店。日本のデパートのイタリア展に出店したこともあり、味はお墨つき。サクサクの生地に生クリームやリコッタチーズが詰まったスフォリアテッラ、ラム酒シロップ風味のババなどが、味見にぴったりなミニサイズ1個€1.20〜で購入できるので食べ歩きに最適です。

Galleria Umberto I,66 Napoli
081-402218
www.facebook.com/lasfogliatellamaryofficial/
8:00〜20:30、月曜・1月1日休
MAP＊P.15 A-2

1／お菓子は普通、ミニヨン（ミニ）サイズの2種類。ミニは人気が高いので早く売り切れます。　2／近所の工房で毎朝つくられ、運ばれるフレッシュなお菓子たち。　3／スフォリアテッラは生クリーム、レモンクリーム、カスタードクリーム入りなどがあります。

Da Zia Esterina Sorbillo
ダ・ズィア・エステリーナ・ソルビッロ

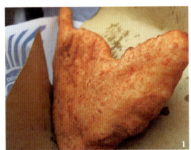

ナポリのソウルフードをぜひ

　市内に複数店舗があるピッツァの名門、ジーノ・ソルビッロ（Gino Sorbillo）の揚げピッツァ専門店。立ち食いオンリーですがコスパがよく、常に長蛇の列。店内に9種のピッツァ名が貼ってあり、そこから選んで代金を払い、番号が書かれた紙をもらいます。注文を受けてからつくるので待たされますが、アツアツをいただけます。

1／なかにはリコッタチーズやプローボラチーズ、トマト、ハム類などが入っています。　2／ピッツァはどれも1枚€4.90と安く、手軽に食べられて味も◎。

Piazza Trieste e Trento,53 Napoli
081-4421364
www.sorbillo.it/pizzerie/
11:00〜22:00（土日曜23:00）、
1月1日・12月24日夜・12月25日休
MAP＊P.15 B-2

Trattoria da Nennella

トラットリア・ダ・ネンネッラ

ボリューム満点の激安メニューが人気

　2024年、スペイン地区からカリタ広場へ移動しました。プリモ（パスタ類）、セコンド（メイン）、コントルノ（つけ合わせ野菜）からそれぞれ好きなものを1品選び、水とワインがついて€15のフィックスメニューが評判です。基本、ナポリの伝統料理で量もたっぷり。コスパのよさが魅力ですが、何よりこのお店が人気なのは、スタッフが店内で突然歌ったり踊ったり、ノリのいい外国人のお客さんと騒いだりと、明るい雰囲気だから。最初はびっくりするかもしれませんが、これもナポリらしいおもてなしということでご愛敬。食事に満足したら、店内につるしてあるかごにチップを入れてあげるともっと盛り上がります。

1／店内はナポリの下町をイメージした内装。予約不可のため、いつも開店前から並んでいます。満席の場合、店の入り口で名前を書いてひたすら順番を待ちます。　2,3／パスタ類は平均10種程度、メインもお肉、魚、その他15種程度から好きな料理が選べます。

Piazza Carità,22 Napoli
081-414338
www.trattorianennella.it
12:00〜15:00、
18:00〜23:00（ただし12月は不規則営業）、
日曜・1月1日・12月24・25・31日休・8月不定休
英語メニュー ○
MAP＊P.14 B-1

Napoli

1,2／パスタ・エ・ファッジョリ・アッラ・ペスカトーラ（Pasta e Fagioli alla Pescatora）は、オーナーのロザリオさんもおすすめのお店の看板メニュー。ピザ生地のふたはもちろん食べられます。

Trattoria Antica Capri

トラットリア・アンティカ・カプリ

正統派ナポリ料理の専門店

　50年以上の歴史を持ち、下町の食堂といった雰囲気。ケーブルカー中央線のAugusteo駅横の階段を上ってすぐの場所にあります。メニューは昔ながらの味を忠実に守るナポリの伝統料理で、食べ応えと満足感が高いです。魚介のフライやムール貝、バッカラ（タラを塩漬け保存したもの）などシーフード料理の種類も豊富で、ピッツァも提供しています。とくに人気の一品は魚介と白インゲン豆のパスタ。ピニャータと呼ばれるテラコッタの器に調理したパスタを入れ、ピザ生地でふたをして石窯で焼きます。ふたを開けるとなかからアツアツの魚介パスタが！予算は飲みもの抜きでひとり€35程度です。

3／つき出しでいただいたシンプルなトマトのブルスケッタ。　4／人気店で座席数も少ないため、予約がおすすめです。

Via Speranzella,110 Napoli
081-0383486
www.anticacapri.it
12:00～16:00、18:30～23:30、
日曜12:00～16:00、木曜休
英語メニュー　○
MAP＊P.15 A-1

Vomero
ヴォメロ地区

トレド通り（Via Toledo）からサンテルモ城まで、階段で行くこともできます。

高台の住宅地からナポリを望む

ヴォメロは海抜約150mの丘の上にある住宅地で治安もよく、ナポリでは歴史の新しいエリアです。ケーブルカーまたは地下鉄で簡単にアクセスできます。ヴォメロ地区へ行くケーブルカーは3路線あり、いずれも10分間隔で運行、10分弱でヴォメロ地区にある終点に到着します。中央線はウンベルト1世のアーケード近くにあるAugusteo駅からPiazza Fuga駅、モンテサント線はMontesanto駅からMorghen駅、キアイア線はParco Margherita駅からCimarosa駅を運行しています。地下鉄を利用する場合は、1号線のVanvitelli駅で下車します。

ヴォメロ地区を歩くなら、Vanvitelli駅の上にある丸いヴァンヴィテッリ広場を起点にすると便利です。広場からのびるアレッサンドロ・スカルラッティ通り（Via Alessandro Scarlatti）はゆるやかな坂道。東へ上り坂を進むとラッファエレ・モルガン通り（Via Raffaele Morghen）と交差する場所に、大型スーパーマーケットがあります。スーパー横の階段を上ると、サン・マルティーノ博物館・修道院や、サンテルモ城方面へ行くことができます。

ヴァンヴィテッリ広場から西へ続く下り坂は街路樹が美しい歩行者天国になっていて、たくさんのお店が並んでいます。イタリアのデパートチェーン、コインもあります。歩行者天国の西端とぶつかるルーカ・ジョルダーノ通り（Via Luca Giordano）とともに、ヴォメロ地区最大のショッピングストリートです。このあたりには平日、安価なランチメニューを提供するお店が多く、観光の後、ゆっくりショッピングやお茶をするのに最適。フロリディアーナ荘にはマイセン、カポディモンテなどヨーロッパと東洋の陶器が見学できる国立陶器美術館や、ナポリの景色を180度見渡せる展望台があります。

MAP＊P.13

1／フロリディアーナ荘は大きな森林公園。絶景の展望台があります。　2／ケーブルカー・中央線Piazza Fuga駅はヴォメロ地区の玄関口。　3／サン・マルティーノ博物館・修道院から見るヴェスヴィオ火山。4／カフェやショップが並ぶルーカ・ジョルダーノ通り。

1／正面の島がカプリ、左がソレント半島。手前にサンタ・ルチア地区もよく見えます。　2／1500年代半ば、スペインのトレド総督時代に6つの頂点を持つ星型に城塞化されました。

Castel Sant'Elmo
サンテルモ城

丘の上からナポリを一望できる展望台

　ケーブルカー・モンテサント線のMorghenが最寄駅ですが、ヴァンヴィテッリ広場から歩いても15分ほど。住宅地のなかに突如としてあらわれるお城で、ヴォメロの丘の頂上に建っています。土台はナポリの岩盤を形成している黄色っぽい凝灰岩です。城門から長いスロープの上り坂を進むと、お城の屋上テラスに到着します。外周に沿って遊歩道があり、歩いて一周することができます。ここからはスパッカナポリを貫くギリシャ植民都市時代につくられたまっすぐな道、その先の中央駅、美術館のあるカポディモンテの森、王宮やアーケードなどナポリのすべてを見渡せます。正面にはカプリ島、左手にはヴェスヴィオ火山、その先のソレント半島も望めます。

スパッカ（Spacca）ナポリとは、ナポリがふたつに分割されたことを意味します。写真中央の道はベネデット・クローチェ通り。

外周の遊歩道からは天気がよければ、遠くカゼルタ県も見えます。

Via Tito Angelini,22 Napoli
081-2294421
www.cultura.gov.it/luogo/castel-sant-elmo-e-museo-del-novecento-a-napoli
8:30〜19:30、1月1日・12月25日休
€5
MAP＊P.13 A-2

Certosa e Museo di San Martino

サン・マルティーノ博物館・修道院

プレセーペのコレクションは必見

　1325年、聖エラズモと呼ばれていた小高い丘に、当時ナポリを支配していたアンジュー家のカルロがカルトジオ会の修道院を建設しました。内部は現在、王家が使用した馬車や船、絵画などを貯蔵する博物館になっています。なかでもナポリの伝統工芸である、キリストの生誕を表現したプレセーペの人形のコレクションが素晴らしく、18世紀頃のアンティークです。中庭の大回廊に沿って修道士たちの個室があり、敷地の一部は頭蓋骨の彫刻で飾られた墓地になっています。修道院内部は1600年代に流行ったバロック様式が盛んに取り入れられ、修道士たちの公共スペースや祈りの場は17世紀ナポリ派の絵画で装飾されています。

1／教会内部、中央祭壇の裏にある聖歌隊室。　2／博物館部門には1700年代を中心としたコレクションが展示されています。

3／回廊は、禁欲で、人との接触も少なく、十字架を祈り続けた修道士たちの憩いの場でした。　4／1877年建築家ミケーレ・クチニエッロが寄贈した大プレセーペは照明も凝っています。

Largo S.Martino,5 Napoli
081-2294503
www.cultura.gov.it/luogo/
certosa-e-museo-di-san-martino
8:30〜19:30、水曜休　　€6
MAP＊P.13 B-2

Friggitoria Vomero

フリッジトリア・ヴォメロ

1938年から揚げものひと筋

　ケーブルカー・中央線のPiazza Fuga駅を出て、右ななめ前にあります。とくに12時半から午後2時、夜7時頃は、学校帰りの子どもも含め地元の人たちでいっぱいです。でも、この時間帯の揚げ立てをねらって行きましょう。手で食べられるゼッポレ(小麦粉と水を混ぜ発酵させた生地を揚げたもの)、コロッケなどは3個€1です。

1／先に支払いを済ませてから、レシートを持って対面式のカウンターへ。　2／チーズやハムを詰めた揚げピッツァやドーナツもあります。

Via Domenico Cimarosa,44 Napoli
081-5783130
11:00〜21:00、日曜・1月1日・8月の2〜3週間・
12月24日夜・25日休
MAP＊P.13 B-1

Fantagia Gelati

ファンタジア・ジェラーティ

地元に根づいた歴史のあるお店

　25年以上の歴史を持ち、ナポリ市内に5店舗展開しています。ミラノで行われた手づくりジェラートのエキシビジョンで金のコーン賞(Cono d'Oro)を受賞したことも。また、ナポリ市内で伝統的職業やお店の継承を保護する協会も主宰しています。安定したおいしさで地元の人たちに定評があります。

1／マンゴーやイチゴなどフルーツ系が私のお気に入りですが、ピスタチオやチョコ系も人気。　2／コーンまたはカップの小にフレーバーをふたつ選んで€3。　3／店内と外にテーブルがありますが、座って食べると値段が変わります。

Piazza Vanvitelli,22 Napoli
081-5788383
www.fantasiagelati.it
10:00〜23:00、無休
英語メニュー ×
MAP＊P.13 A-1（P.14 B-1、
P.15 B-1ほかにも店舗あり）

Buatta
ブアッタ

料理好きだったおばあちゃんの味を

　住宅地の一角にあるレストラン。必然的にお客さんは地元の人がほとんどなので、気取った料理ではなく、ナポリのどこのうちでも食べるような家庭の味が楽しめます。「料理好きだったおばあちゃんの影響は大きいです」と、オーナーのアンジェラさん。ソムリエでもあるので、店内の壁の棚にはたくさんのワインがおかれていて、種類も豊富です。私のおすすめは、牛肉と玉ネギのジェノベーゼや、ラグーソース、トマトソースと肉巻きのブラチョーレ、白インゲン豆やひよこ豆などのあたたかいスープ。どれも伝統的な煮込み料理です。秋〜春先なら葉物野菜のフリアリエッリやスカローラなどの料理もどうぞ。

オーナーのアンジェラさんをはじめ、スタッフは全員女性だそう。

1／ジェノベーゼには、カンデラ（ろうそく）という名前の長いマカロニを折って使うのが伝統。
2／長い時間かけてじっくり弱火で煮込んだひよこ豆スープは、素朴でやさしい味わい。

Via Filippo Cifariello,14 Napoli
349-6059176
www.instagram.com/buattanapoli/
12:30〜15:30、19:00〜23:00、
1月1日・8月15日・12月15日休
英語メニュー 〇
MAP＊P.13 A-1

日用品も食料品もここで調達!
ナポリの朝市

ナポリの街角には、毎日メルカティーノ(Mercatino)と呼ばれる朝市が立ちます。数あるなかから地元っ子に愛されるおすすめの朝市をご紹介します。

Pignasecca ピニアセッカ

カオスと雑踏がおもしろい朝市

　トレド通りに面したカリタ広場から続くピニアセッカ通りには、旬の野菜や果物、魚などの生鮮食料品を扱う朝市が立ち、午前中は食材を買い求めるマンマたちで大にぎわい。そんなナポリっ子の生活を垣間見られる100年以上続く歴史ある市場です。魚屋のアズーラの隣にあるボンゴレパスタや魚のミックスフライを提供する小さな食堂も人気があります。

Via Pignasecca, Napoli
常設店(飲食以外) 9:30〜20:00、露店8:30〜13:00、日曜・祝日休　MAP＊P.14 B-1

1／アサリのパスタやタコサラダ、イワシフライなど、魚はナポリの食卓に欠かせません。　2／細い路地に人通りも多いので、持ちものに気をつけましょう。　3／ドライトマトやハーブなどの量り売りの乾物はおみやげにも人気。

San Pasquale a Chiaia
サン・パスクワーレ

20軒程度の小規模市場

　高級ブランド店が並ぶショッピングストリート、ミッレ通り(Via dei Mille)の近く。小規模ですが革バッグや靴などの小物類はほかにくらべて若干高級なものが出ている場合があるので、掘り出しものが見つかるかもしれません。

1／冬はカシミアのニット、革手袋など人気アイテムも並びます。　2／ウンベルト1世高校脇で開催されています。

Via Vittorio Imbriani, Napoli
9:00〜13:00、日曜休　MAP＊P.13 B-2

Napoli

Antignano a Vomero
アンティニャーノ

見ごたえある大規模な朝市

　アルティスティ広場を境に生鮮食料品と日用品を扱う露店に分かれています。広場の東側、郵便局のあるあたりは、衣料品、靴、古着、日用品などを扱う市場。生鮮食料品のみの朝市は、ラルゴ・アンティニャーノで開かれています。どちらも地下鉄Medagile d'Oro駅からアルティスティ広場方面に徒歩5分程度です。

日用品Via Marcello Casale de Bustis, Napoli
生鮮食料品Largo Antignano, Napoli
9:00〜13:00、日曜休　MAP＊P.13 A-1

1／靴は日本と表示サイズが違うので、あらかじめチェックしておくと便利。　2／旬の野菜や果物は量り売り。表示価格はほとんどの場合が1kgの料金です。　3／1枚€1で購入した中古のレース編みの敷物たち。

Parco Virgiliano
ヴィルジリアーノ公園

ちょっといいものを探しに

　木曜日、ポジリポ地区のヴィルジリアーノ公園に続く片道400mほどの道に、日用品や洋服、靴、古着、雑貨などを扱う露店が並びます。価格は多少高めですが、靴と洋服はとくに人気があります。

Viale Virgilio, Napoli
木曜のみ開催9:00〜13:00
MAP＊P.12 C-1（MAP外）

1／いくつかの露店はハイブランドの商品を扱っています。　2／ヴォメロのアレッサンドロ・スカルラッティ通りからC31のバスで30分弱。Parco Virgiliano入り口で下車。

1／天井にフレスコ画が残るデラックスルーム。ホテルは通りに面した大きな建物の一角にあります。門を入ってエレベーターでアクセス。　2／朝食サロンでは、手づくりケーキ、卵料理などのコンチネンタル式ビュッフェが楽しめます。　3／庭の一角にサウナ、ハマム、マッサージなどが楽しめるスパがあります。

Artemisia Domus Giardino
アルテミシア・ドムス・ジャルディーノ

都会のど真ん中で味わう静寂

　ホテル名の「アルテミシア」はギリシャ神話の月の女神。その名前を裏切らないエレガントで魅惑的な空間が広がるホテルです。サンタ・ルチア地区のど真ん中にありながら、建物のなかに一歩入ると、外からは想像できないくらい静かで快適な大人向けの雰囲気。1700年代末にはブルボン王家の親戚もここに長期滞在したという歴史を持つ建物で、朝食は、緑が茂るジャルディーノ（庭）か、リバティ様式の天井やガラス壁に囲まれた美しいサロンで取ることもできます。エレガントなブティックホテルで、部屋のカテゴリーはスイート、スーペリオーレ、スタンダードの3つに分かれていて、全室内装が違います。

Via Santa Lucia,62 Napoli
081-18405826
artemisiadomusgiardino.com
1室€200～、朝食つき
全6室
MAP＊P.15 B-2

Hotel San Francesco al Monte

ホテル・サン・フランチェスコ・アル・モンテ

Napoli

修道院を改築したモダンホテル

　ナポリの丘の中腹を走るコルゾ・ビットリオ・エマヌエーレ通り沿い、ケーブルカー・中央線のCorso Vittorio Emanuele駅から徒歩約5分のロケーションにあります。ホテルからはナポリ湾とヴェスヴィオ火山を見渡せます。館内には長い直線の廊下や礼拝堂、フレスコ画があり、16世紀に修道院として使われていた荘厳な雰囲気を感じ取れます。室内は当時の装飾を残しつつも明るく快適で、ほとんどの部屋がシービューです。最上階の7階にあるガーデンにはブーゲンビリアやジャスミンが咲き、修道士たちの憩いの場だったと想像できます。初夏から秋に滞在した際は、プールでのひと泳ぎも楽しんでみては？

部屋のインテリアはそれぞれ違いますが、修道院時代の面影が残る内装が多いです。

1／プールサイドの奥は、ブドウ棚や、ブーゲンビリアなど緑あふれるリラックス空間になっています。　2／レセプションのあるロビーフロアは吹き抜けで、広々としています。　3／修道院特有の長い廊下に沿って、客室が並んでいます。

Corso Vittorio Emanuele, 328 Napoli
081-4239111
sanfrancescoalmonte.it/en/
€ 1室€180〜、朝食つき
全45室
MAP＊P.15 A-1

B&B Bracco Napoli
ベッド・アンド・ブレックファースト・ブラッコ・ナポリ

抜群のロケーションで大人気

　ナポリの町の中心地にあり、港や駅などへのアクセスも便利。スーパーマーケットが近くに3軒あり、ちょっとした買いものにも困りません。朝食はチケットをもらって、建物1階にあるバールで取ることができます。宿は建物の最上階にありますが、エレベーターがあるので、重い荷物を持っていても大丈夫。

1／すべての部屋にバルコニーまたはテラスがついています。建物最上階なので騒音が気になりません。　2／遅い時間のチェックインは、スマホアプリのWhatsAppでオーナーとやり取りを。

Via Roberto Bracco,15/A Napoli
081-3773852（17:30以降は349-6300170）
bedandbreakfastnapolibracco.it
1室€115〜、朝食つき　全4室
MAP＊P.14 C-1

Hotel Il Tesoro
ホテル・イル・テゾーロ

部屋でゆっくり朝食もOK

　大聖堂のあるドゥオーモ通りに位置し、18世紀の建物をリニューアルして2019年末にオープン。館内は、地元のアーティスト、マッテオ・フラテルノの作品が飾られていてモダンな印象です。客室は広く、明るい雰囲気。考古学博物館なども徒歩圏内です。朝食も充実した内容で、満足感を得られるはず。

1／ロケーション抜群の4ツ星ホテル。フリーWi-Fiやテレビなどの設備も整っています。　2／無料で朝食のルームサービスも可能で、ボリュームもたっぷり。

Via Duomo,228 Napoli
081-19138160
www.iltesorosuitespa.com
1室€80〜、朝食つき　全11室
MAP＊P.14 A-2

ナポリのおいしいもの
＆カンパニア州の食材

I buoni piatti Napoletani
e le eccellenze della Campania

イタリア人は、テーブルを囲んで家族や友人と会話を楽しみながら食事をするのが好き。

海、山、火山がもたらす食材王国

　ナポリといえばピッツァ、そしてスパゲッティのナポリタンを思い出す人が多いかもしれません。けれどナポリタンはナポリには存在せず、それはきっと、トマトのパスタであるスパゲッティ・アル・ポモドーロの日本風です。トマトはこの地域で昔からとても重要な食材で、肥沃な火山土壌で盛んに栽培が行われてきました。また、パスタはイタリア人にとってかけがえのない食材です。ナポリとアマルフィの間にあるグラニャーノは、山の湧水を使い水車で粉を挽き、海風でパスタを乾燥させるのに適していたので、パスタ工場が集まりました。内陸やヴェスヴィオ火山、イスキア島などの火山土壌では、古代ギリシャ時代からワイン用のブドウ栽培が行われ、温暖なナポリ県やサレルノ県の海岸線では柑橘類やオリーブが盛んに栽培されています。つまり、その場所でその食材が長い間つくられてきたのは、それぞれ理由があってのことなのです。

　ナポリは王宮を構える宮廷文化が栄えた町ですが、庶民はその反対で貧しい生活を強いられてきた歴史もあります。無駄なく、おいしく食べる工夫がされた料理は、クッチーナ・ポベラ（Cucina Povera）と呼ばれ、今、また注目を浴びています。かたくなったパンを再利用したり、チーズのかわりにセモリナ粉を使ったり。野菜など安価な材料を使った料理や、手頃な食材のオリーブオイルをベースにトマトで味つけする料理が多く、魚は安価なイワシやムール貝、地元のアサリやタコなどを使った料理が豊富です。その昔、お肉は庶民にとって高価な食材だったので、豚の皮は料理に、ラードはパンや菓子づくりに利用されました。ナポリの人たちは、無駄なく、そして旬の食材をいかしてつくるバランスのいい郷土料理を愛して食べ続けています。

食事を楽しむために知っておきたいこと

● お店の種類と営業時間

オステリア、トラットリア、リストランテなどの名前がついていますが、オステリアだからカジュアルというわけではありません。また、ピッツェリア（ピッツァのみ）、パニノテカ（パニーノのみ）や、ビッレリア（ビールとおつまみのみ）、ターボラ・カルダ（調理済みの料理をあたためて提供）などもあり、業態が細かく分かれています。

昼食は午後1時、夕食は夜8時からですが、最近観光地では、昼は12時、夜は7時から営業するお店が増えました。また、絶対に行きたいお店は必ず予約しましょう。アマルフィ海岸やカプリ島、イスキア島などのリゾート地は、4〜10月まで無休で営業し、クリスマスから春先のイースターまで休業するお店が多いのでご注意を。

● メニューの構成

イタリア料理では、前菜（Antipasto／アンティパスト）に魚のマリネやモッツァレラチーズ、第一の皿（Primo Piatto／プリモ・ピアット）はパスタやリゾット、第二の皿（Secondo Piatto／セコンド・ピアット）は魚やお肉などのメイン料理、そしてデザートやフルーツ（Dolce e Frutta／ドルチェ・エ・フルッタ）、エスプレッソ（Espresso／エスプレッソ）と続きますが、フルコースで食べるのは特別な場合のみ。また、日本人はサラダを最初に食べますが、サラダは付け合わせ野菜と見なされ、メインと一緒に最後に出されます。最初に食べたい場合はその旨を注文時に伝えましょう。ドレッシングはなく、オリーブオイルとレモン、または酢をかけて食べます。

● 食事の際のマナー

レストランの場合、着席するとパンが出されますが、これはコペルトというテーブルサービス料に含まれます。料理は最低でもふたりで3品程度は注文しましょう。たとえば、前菜またはメインをひと皿注文して取り分け、パスタは各自ひと皿など。ピッツァは大きくてもひとり1枚が基本です。食べ切れず残してしまうのは残念ですが、南イタリアの家庭では、ゲストが食べきれないほどの食事を用意するのがホストの礼儀なので、気にしなくても大丈夫です。

料理を取り分ける文化があまりないため、取り皿が必要ならお願いを。また、長いパスタをソバなどのようにすすって食べる日本人もいますが、音を出して食事をするのは、品がいいとは思われません。

● 支払いとチップ

レストランでは、最初から最後までひとりの給仕人（カメリエーレ）が担当するのが一般的です。ほかの給仕人を呼んでも来てくれないことがあるので、担当者の顔を覚えておきましょう。食事が終わったらレジへ直接行かず、テーブルで会計を頼みます。お店のサービスでリモンチェッロなどの食後酒を、請求書と一緒に出すお店も多いです。

チップはサービス料が含まれていてもおく場合が多く、スムーズに食事ができたと思えば、一般的なカジュアルなお店ならふたりで€5、ピッツェリアならその半分程度、星付きレストランなら総額の10%を目安に。テーブルに現金をおいて帰るか、高額ならクレジットカードでの支払い時にチップ分を上乗せして払いましょう。

ナポリの郷土料理

海、山、大地の恵みが凝縮したカンパニア州の料理は、火山土壌で育った野菜、おだやかなナポリ湾の魚、内陸部で生産された肉のハーモニー。宮廷文化がもたらした料理や、貧困から生まれた工夫料理もあります。四季折々、旬の食材をいかした郷土料理もぜひ味わってください。

Spaghetti alle Vongole
スパゲッティ・アッレ・ボンゴレ

レストランのメニューに必ずあるといっていいほどナポリを代表するパスタ料理、ボンゴレのスパゲッティ。トマトなしのビアンコ(Bianco)とほんの少しトマトを加えるロッソ(Rosso)があり、レストランなどで注文する際はリクエストできます。家庭でつくる場合、アサリと同じ二枚貝のルピーニやテリーネなどを混ぜることも。オリーブオイルとニンニクで味つけしたアサリのダシが乳化してパスタにしみ込み、なんともいえない満足感を与えてくれます。ちなみに、イタリアでは12月24日のクリスマスイブは魚の日で、ボンゴレを食べる人が多いです。

Zuppa di Cozze
ズッパ・ディ・コッツェ

安価なムール貝は庶民の味方で、ナポリには多様な料理方法があります。「ムール貝のスープ」という名前の料理ですが汁はほとんどなく、タコやエビなどほかの魚介も入った蒸し煮的な料理です。魚介料理の専門店などでとくに人気のメニュー。かたいパンを少し焼いて、その上にたくさんのムール貝ほか魚介をのせ、最後に少し辛い唐辛子の赤いオイルをかけるのが一般的。ナポリでは、ラードと黒コショウを練り込んで焼いた、アーモンド入りクラッカーのタラッリをパンのかわりにのせるお店もあります。

Frittura di Pesce

フリットゥーラ・ディ・ペッシェ

魚介のフライのことで、アリーチ（Alici／カタクチイワシ）や、ガンベリ（Gamberi／エビ）、カラマーリ（Calamari／イカ）などの種類があり、通年食べられます。フリットゥーラ・ディ・パランザ（Frittura di pranza）は、網にかかったいろいろな種類の小さな魚のフライです。運がよければ、カラマレッティ（Calamaretti／小イカ）、ビアンケッティ（Bianchetti／シラス）などのフライに出会えるかもしれません。レモンと塩をかけて食べます。ナポリでは、クオッポ（Cuoppo）といって、かたい紙をくるっと巻いて、そのなかに魚介フライミックスが入ったストリートフードも人気です。

Polpo alla Luciana

ポルポ・アッラ・ルチアーナ

タコのルチアーナ風。別名アッフォガート（Polpo Affogato／おぼれ煮）とも呼ばれます。小タコ、トマト、黒オリーブ、ケーパー、ニンニクをピニャッタと呼ばれる陶器のキャセロールで調理する煮込み料理。卵城付近のサンタ・ルチア地区のタコ漁師たちが昔、「ルチアーニ」と呼ばれていて、仕事の後に素早く食べられるようにとつくった料理につけられた名前で庶民に広がりました。トロトロに煮込んだタコはもちろん、かたいパンを焼いて、タコのダシがしみたトマトソースをつけて食べるのもおいしいです。

季節の郷土料理

Primavera 春

Genovese Napoletana
ジェノベーゼ・ナポレターナ

ナポリ風ジェノベーゼ。ナポリでジェノベーゼといえばバジルのペーストではなく、玉ネギとお肉をトロトロに煮込んだソースで、玉ネギの甘さとお肉の塩気の甘辛い感じが、日本人にも好かれる味です。一年中食べますが、とくに春先の玉ネギがやわらく好まれます。長くて太いズィーティ(Ziti)と呼ばれるパスタを折ってあわせるのが伝統です。

Frisella con Pomodoro
フリセッラ・コン・ポモドーロ

Estate 夏

トマトのフリセッラ。フリセッラは全粒粉で焼いた保存用の乾パンで、ドーナツ型や長方形などの形があります。水につけてやわらかくし、パンの上にトマトとバジルをのせます。海の家などでは、コーンやツナなどをトッピングしたものもよく見かけます。

Mozzarella di Bufala
モッツァレッラ・ディ・ブーファラ

水牛のモッツァレラチーズ。カンパニア州では夏の間よく食べられます。トマトの果肉とモッツァレラのミルクがジューシーなカプレーゼサラダが人気。ナポリでは、生ハムと一緒に食べることも多々あります。ひと口サイズや大きなものまでサイズも豊富。

Parmigiana di Melanzane
パルミッジャーナ・ディ・メランザーネ

ナスのグラタン。旬のナスを薄切りにして油で揚げて、トマトソース、モッツァレラチーズ、パルミジャーノ・レッジャーノをはさんで層にしてオーブンで焼いた料理。手間がかかり、ハイカロリーですが、ナポリっ子はこれが大好き。

I sapori della Campania

Autunno e Inverno
秋と冬

Salsiccia e Friarielli
サルシッチャ・エ・フリアリエッリ

ソーセージとフリアリエッリ。豚肉の各部位を角切りにして、腸詰したソーセージです。ごろっとしたお肉の食感が特徴的。脂肪分も多いので、冬によく食べられます。赤ワイン煮、炭焼きなど調理法もさまざま。少し苦いナポリの冬野菜、フリアリエッリと一緒に食べます。

Ragù Napoletano
ラグー・ナポレターノ

ナポリ風ラグー。ブロック肉のトマト煮込みです。ボロネーゼはひき肉を使うのに対し、ナポリは牛肉と豚肉と香味野菜を使用します。昔は、赤いトマトが黒くなるまで長時間コトコトと煮込んでいたそう。こってりとしているので、冬によく食べられます。

Pasta e Patate
パスタ・エ・パターテ

ジャガイモのパスタ。ジャガイモと香味野菜、パンチェッタなど加熱したなかにパスタを入れ、さらに煮込む冬のホカホカ料理です。ナポリではよくひとり分に満たない残りのパスタを集めて煮込み料理に使用するので、形状が違うパスタが混ざっているのが特徴です。

※ジャガイモのパスタは夏はほぼ見かけませんが、そのほかの料理は紹介した季節以外もレストランで提供されていることが多いです。

カーニバルに食べるナポリ風ラザニア

4月のイースター(復活祭)から52日前の木曜に、カーニバル(謝肉祭)が最高潮を迎えます。カトリックでは、カーニバルが終わると40日間はイースターに向け断食の習慣があったため、節制の前にたくさん食べようという目的でカーニバルがあります。イタリアではカーニバルにラザニアをよく食べますが、この時期限定のナポリのラザニアはひき肉ソースのかわりに肉団子を使い、ベシャメルソースではなくリコッタチーズとゆで卵などが入っていてとても食べ応えがあります。

みんな大好き！ナポリピッツァ

ユネスコの無形文化遺産にも認定されている伝統のナポリピッツァ。
もちもちの生地は小麦粉、水、酵母、塩の4種のみでつくられています。
女王陛下をうならせた、マルゲリータピッツァは、今でも人気ナンバーワン！

Margherita マルゲリータ

1889年、マルゲリータ女王がナポリに滞在した際にコックにつくらせた3種類のピッツァのうち、ジューシーなトマトソース、モッツァレラチーズ、バジルがのったイタリアの国旗を連想するこのピッツァが気に入り、マルゲリータと命名したことがはじまり。以後、現在に至るまで、シンプルな材料で構成されたマルゲリータは飽きることがなく、愛されています。

Marinara マリナーラ

マルゲリータをさらにシンプルにしたものがこのマリナーラ。トマトソース、オレガノ、ニンニク、オイルと、保存のきく材料のみで構成されているので、名前の由来でもある漁師が、長旅に出る際持っていったといわれています。チーズがない分少しもの足りなさを感じる人もいますが、香り豊かで上質な素材を使ってつくられたマリナーラは侮れません。

最新のナポリピッツァ事情

アメリカに移住したイタリア人が広めたピッツァは、世界中に広がり今では知らない人はいないほどメジャーな食べものになりました。ほかのイタリアの町のピッツァと違い、ナポリのピッツァは石窯を使って高温で数分の間に焼き上げるのが特徴。生地には発酵時に出るガスがもたらした気泡が含まれ、もちもちの食感を楽しめますが、近年、生地をもっと軽めに、あっさりしたものが人気を集めつつあります。また、グルメピッツァと呼ばれるトッピングの食材にとことんこだわったお店も登場し、評判を呼んでいます。

I sapori della Campania

Fritta フリッタ

窯焼きより早く誕生したのがこの揚げピッツァ。ソフィア・ローレンの映画「ローロ・ディ・ナポリ (L'oro di Napoli)」にも登場します。なかの詰めものはリコッタチーズ、プロボラチーズ（牛乳のセミハード）、チッチョリ（豚の油を加工したもの）などが一般的。高温が加わると風船のように膨らみはじめ巨大化するのでびっくりしますが、自然にしぼみます。揚げものと思えないぐらい軽い食感の生地です。

Calzone カルツォーネ

カルツォーネは大きな靴下という意味。円形の生地を半分に折り、そのなかにリコッタチーズやモッツァレッラチーズ、サラミ、ハムなどいろいろな具材を詰め、焼いたものです。三日月形のピッツァの上にさらに飾りのトッピングや、トマトソースがかかっている場合も。生地が重なっているので、焼き加減がむずかしそう。なかの具材が冷めにくいから好き、食べ応えがあって満足できる！という人も。

ピッツァと食べたい一品

Frittatina フリッタティーナ

いろいろな形のショートパスタをたっぷりのベシャメルソースとひき肉入りラグーソースであえて、フライにしたもの。ナポリならではの揚げものです。

Arancino アランチーノ

ラグーソースをあえたお米にチーズなどを詰めてフライにしたもの。イタリア全土で食べられますが、丸型はシチリア発祥で、ほかにも三角のタイプもあります。

Zeppola ゼッポラ

小麦粉を発酵させた生地をひと口サイズにカットして、フライにしたもの。シンプルなスナック感覚でナポリの人はよく食べます。青のり入りもあります。

癖になる甘さのナポリドルチェ

修道女の秘密のレシピや、フランス起源のレシピがすっかりナポリに定着。
クラシックな王道のドルチェをはじめ、新しいトレンドのお菓子も。
行事に合わせて食べられている郷土菓子もご紹介します。

Baba' ババ

フランスで、ポーランドのお菓子クグロフが変化しババが生まれます。ブルボン王朝時代（1734〜1860年）、王によってナポリにもたらされたといわれています。サバラン生地にラム酒のシロップがしみた大人の味。コルク栓のようなブション型がナポリの伝統ですが、ババの原型、クグロフのような穴あきホール型も一般的です。

Fiocco di Neve
フィオッコ・ディ・ネーベ

粉雪という名前の通り、ブリオッシュ生地の小さなパンのなかに秘伝のふわふわの白いクリームが入っています。ナポリのサニタ地区にあるポッペッラというお菓子屋が開発した新商品が大ヒットし、ほかのお店もこぞってつくりはじめました。アーケード横に2号店（MAP ＊P.15 A-2）もオープン。ピスタチオ、チョコクリーム入りもあります。

Sfogliatella
スフォリアテッラ

スフォリアテッラは貝殻型で何層にも重ねた生地がサクサクの「リッチ」と、しっとりしたビスケット生地で丸い形の「フローラ」の2種類があります。なかの詰めものは同じで、リコッタチーズ、セモリナ粉とフルーツピールが一般的です。アマルフィ海岸の修道院で、残りものから偶然つくられました。その秘伝のレシピをナポリ人の菓子職人が手に入れ町で販売するようになり、郷土菓子として定着したそう。

行事にちなんだ伝統菓子

カーニバル
Carnevale

Chiacchere
キヤッケレ

イタリア全土で食べられるお菓子ですが地方によって呼び名が違い、ナポリではキヤッケレといいます。シンプルな揚げ菓子で、粉砂糖や、昔は豚の血を使用していたサングイナッチョと呼ばれるチョコレートソースをかけます。

父の日（3月19日）
Festa di papa'

Zeppola di San Giuseppe
ゼッポラ・ディ・サン・ジュゼッペ

イタリアでは3月19日は、キリストの父ジュゼッペの日。この日のお菓子ゼッポラは、オーブンで焼いたシュー生地と揚げたシュー生地の2種類あり、上にカスタードクリームとアマレナチェリーがのっています。

復活祭
Pasqua

Pastiera
パスティエーラ

リコッタチーズやカスタードクリーム、煮麦、ドライフルーツピールを詰めた焼き菓子で、シナモンとオレンジフラワーの香料を使い、香りも豊か。古代、農業の女神ケレスに捧げられたという歴史あるお菓子です。

クリスマス
Natale

Struffoli
ストルッフォリ

小麦粉でつくった小さな揚げ玉を蜂蜜でコーティングして、カラースプレーをちりばめたお菓子。ほかにもシナモンの香りとアーモンドが香ばしいロッココ（Roccoco）など、たくさんのクリスマス菓子が聖夜を彩ります。

カンパニア州のおいしい食材

この土地に適した作物を信じてつくり続けることで、
今日、世界に誇る、なくてはならないイタリア食材になりました。

Pomodoro
ポモドーロ[トマト]

サンマルツァーノ種のトマトは形が細長いのが特徴。酸味もありソースにぴったり。

イタリアを代表する2種類のトマト

　ナポリ料理に欠かせない代表的な食材のひとつがトマト。イタリアにはたくさんのトマトの種類があり、マンマたちはサラダ用、パスタソース用、保存用など、それぞれのトマトの特徴を理解して、使い分けています。カンパニア州は古くからトマト栽培が盛んで、今でも大型の機械などに頼らず、個々の農家が小さな畑で栽培し、組合をつくってトマトの伝統的な栽培法の保存活動をしています。数あるトマトのなかでも、DOP（Denominazione Origine Protetta）と呼ばれるイタリアの原産地名称保護制度の認証を受けている代表的なトマトが2種類あります。まずひとつめが、サンマルツァーノ種。ポンペイから内陸に入ったあたりを中心に、現在41市町村で栽培されるものが認定されています。真っ赤で細長く、中心の種部分が少ない果肉の多い品種で、缶詰として日本でも広く販売されていて、パスタソースに最適です。また、夏に収穫したものをドライトマトにして保存する場合もあります。

　もうひとつがピエンノロ種で、1800年代末から肥沃な火山土壌のヴェスヴィオ山麓でつくられてきました。先端がとんがったプチトマトで、皮がとても厚いのが特徴。そのため熟成させても腐らず、非常に甘く濃厚な味わいです。7月に収穫し、12月頃出荷します。ピッツァのトッピングやパスタの隠し味など少量で使われることが多いです。

ピエンノロ種は緑が少し残った状態で早摘みし、房につるして熟成させます。

1／ソレントでBIOのレモンをつくる農家の手入れが行き届いた美しいレモン畑。 2／先端がぼこっと出た形が特徴的なソレント産レモン。

I sapori della Campania

Limone
リモーネ［レモン］

肉厚な皮と強い香り

　海に接する面積が多いカンパニア州。なかでもカプリ島、ソレントからアマルフィの海岸線ではレモンの栽培を盛んで、ソレント産とアマルフィ海岸産の2種類のレモンが、IGP（Indicazione Geografica Protetta）と呼ばれるイタリアの地理的表示保護認証を受けています。ごつごつとした分厚い皮が特徴で、酸性度が高く、ビタミンCとミネラル分が豊富です。ソレント地方では1500年代から、皮が傷つかないように藁をパネル状にしてレモン畑をすっぽり覆い、風やひょうからレモンを守るパリアレッラと呼ばれる独特の方法を取り入れ、栽培してきました。

　黄色い大きなレモンを使った加工品は、カンパニア州でとくに人気の高いおみやげ品です。南イタリアを代表するレモンの食後酒リモンチェッロ、お菓子づくりに使われるカンディーティ（果物の皮の砂糖漬け）、ジャムなどがありますが、これらをつくる上で、ある意味、果肉より香り豊かな皮のほうが大切なのです。加工品だけでなく、レモン風味のリゾットやレモンのパスタなどの郷土料理も、ぜひ味わってみてください。夏はジェラートやグラニータなども大人気です。

ソレントにあるレモン農家のアグリツーリズモ、Il Giardino di Vigliano の手づくりリモンチェッロやジャム。

アマルフィ産のレモンは子どもの顔と同じくらい大きい。

Pasta
パスタ［パスタ］

こだわりの乾燥方法

ナポリとソレントの間にあるグラニャーノの町で、16世紀頃からパスタづくりがはじまりました。17世紀に入ると、パスタは低コストでお腹を満たせる食品として「白い金」と呼ばれ、グラニャーノはイタリア有数の品質を誇る「乾燥パスタ」の産地として知られるように。2013年にはIGP称号に登録されました。1900年代初頭まで、町の中心を走るローマ通りにはパスタ工房が軒を連ね、潮風と太陽の力でパスタを天然乾燥していました。グラニャーノでは海から吹く風が町の後方にそびえるフェッリエーレ渓谷にぶつかり、再び海へ戻ります。こうしてひとつの風が2回町を吹き抜ける地形や、渓谷の豊富な湧水を利用し水車による粉ひきを行えたことなどが、パスタづくりに適していたのです。

現代のイタリアの大型パスタ工場は、機械で一挙に高速乾燥させますが、グラニャーノのパスタは現在でも天日干しに近い状態にこだわり、低温で時間をかけて乾燥させています。こうして湿度を十分に含ませることでゆで割れを防ぎ、小麦本来の味を楽しめます。人気はブロンズ製の絞り口を使ってつくることで表面が少しざらっとした"in Bronzo"タイプで、おすすめはグラニャーノでよくつくられているパッケリやコンキリエなどの少し大きめの形状のショートパスタ。今でも小さな工場がほとんどで、手作業で高品質のパスタ製造に取り組んでいます。

1／グラニャーノでは計量やパック詰めまで、今でもすべて手作業で行われています。　2／めずらしいコイル状のロングパスタ。一つひとつていねいに手でつくられ、乾燥させる。

イタリアいち大きいカッカヴェッラ（Caccavella）という形状のパスタ。

一般的な形なら、ナポリ市内のスーパーでもグラニャーノ産のパスタが手に入ります。

I sapori della Campania

Mozzarella di Bufala

モッツァレッラ・ディ・ブーファラ
［水牛のモッツァレラチーズ］

水牛の乳脂肪率は約9％と乳牛の約2倍ですが、熟成していないので軽い感じです。

コクがあるのにさっぱり

　イタリアで生産されている水牛のモッツァレラチーズの約80％が、カンパニア州でつくられています。モッツァレラDOP共同体が認めたきびしい基準をクリアした工場でつくられた100％水牛の乳を原料にしたもののみが、DOP称号をつけて販売することが許されます。産地は濃厚な味が魅力のカゼルタ県のシェアが圧倒的に多く、天然の風味をいかしたサレルノ県産が続きます。条件にもよりますが、つくられてから4～8時間程度が食べ頃で、朝できたものをその日のうちに食べるのが理想的。暑い夏は火を使わず、切ってそのまま食べられるモッツァレラチーズがよく食卓に並びます。人気のメーカーのものは、午前中には売り切れてしまうほど。

フィラトゥーラ（のばし）作業の前に、チーズづくりに適切なかたさになったかチェックします。モッツァーレ（引きちぎる）という意味からついた名前です。

　モッツァレラチーズを食材店などで購入すると、ビニール袋にチーズと一緒に必ずお水を入れてくれますが、これはチーズ製造時に出る乳清液なので捨てずに保存に使います。また、モッツァレラチーズは冷蔵庫で保存するとかたくなるので、必ず常温で保存します。鮮度がいいものほど、なかのミルクが出てくるので、カットする時はまな板の上でなく、お皿のなかで切ることをおすすめします。トマトとあえてさっぱり、または生ハムと合わせて食べる人も多いです。サレルノ県にはレストランやカフェを併設したチーズ工場が多く、見学と試食などができるところもいくつかあります。

ヴァンヌーロ農園（Vannulo）ではチーズ製造工程の見学や試食ができるほか、水牛も見られます。www.vannulo.it

多様な土着品種を楽しめる
カンパニアのワイン

カンパニア州ではローマ時代のさらに前、古代ギリシャ人の入植からブドウ栽培が盛んに行われてきました。ヴェスヴィオ火山や巨大カルデラのフレグレイ平野、海底火山が隆起したイスキア島など、どこを見ても火山。灰は遠くまで飛び、このエリアに複雑な土壌を生み出しました。そんな背景から、カンパニア州のブドウは、長くその土地で育てられてきた土着品種がほとんどです。

赤ワインは、イタリアワインの格づけで最上位等級DOCGのタウラージにも使われるアリアニコ（Aglianico）が多く、長期熟成に適した力強い味わいです。冷やして飲む、グラニャーノ産の発砲ワインなども隠れファンが多いです。白ワインはエレガントで安定の味わいを楽しめるフィアーノ・ディ・アベッリーノ（Fiano di Avellino）や、ミネラル分が多くもかたさを感じさせないグレコ・ディ・トゥーフォ（Greco di Tufo）、ファランギーナ（Falanghina）などが多く、すべて土着品種。これらのワインは、海から離れた内陸のアベリーノ県やベネベント県でつくられています。ヴェスヴィオ山麓のラクリマ・クリスティ（Lacryma Christi／キリストの涙）と、フレグレイ平野のピエディロッソ（Piedirosso）種は生産量が少ないローカルワインです。カゼルタ県北部のパラグレッロ種（Pallagrello）やイスキア島のビアンコレッラ種（Biancolella）など、歴史に裏打ちされた数々の土着品種が楽しめます。

1993年南イタリア初のDOCG、タウラージ。白のフィアーノやグレコも飲みやすい味わい。

南のバローロ（北のバローロはイタリア最高級ワイン）といわれる、アリアニコ種は長期熟成で深い味わいに変化します。

1／内陸でもまだまだ暑い9月が白ワイン向けのブドウの収穫期。
2／1878創業のマストロ・ベラルディーノ社（Mastroberardino）の貯蔵庫。mastroberardino.com

ナポリから行く遺跡&王宮

I scavi e la reggia da Napoli

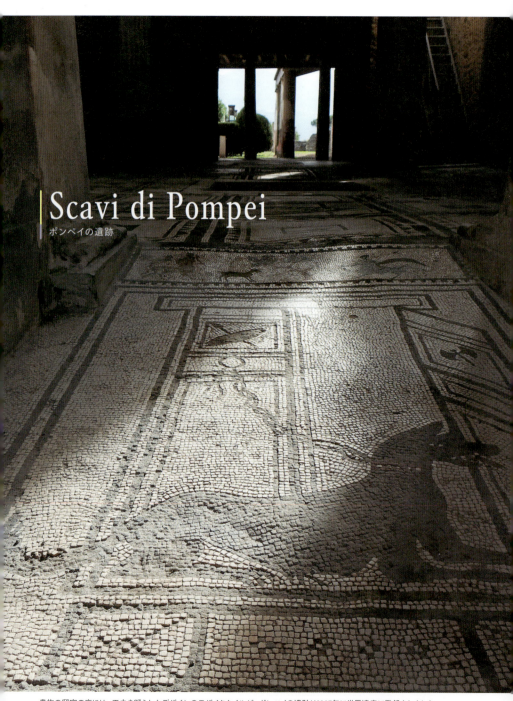

Scavi di Pompei
ポンペイの遺跡

貴族の邸宅の床には、工夫を凝らしたデザインのモザイクタイルが。ポンペイの遺跡は1997年に世界遺産に登録されました。

丸ごと残る古代ローマの街並み

　西暦79年8月24日、ヴェスヴィオ火山の噴火によって起きた火砕流や火山泥でポンペイの町は埋もれ、その後噴出した火砕サージ（主にガス）が決定的となり、この町を消し去ってしまいました。ポンペイがなぜこれほどまでに興味をひきつけるのか？ 2000年以上も前につくられた町であるにもかかわらず、銭湯にギャンブル、スポーツジム、劇場、娼婦の館にパン屋に居酒屋……。日本がまだ弥生時代だった頃の地中海の暮らしが、21世紀の今と変わらないことに驚きます。1748年にスペイン王カルロ3世の命により、ナポリへの水道をひくための工事中にたまたま遺跡が発見され、発掘がはじまりました。

　発掘された遺跡の広さは50haもあり、東京ドームの約10倍です。マップはチケットセンターのインフォメーションでもらうか（遺跡内ではマップをもらえません）、公式サイトからもダウンロードできます。遺跡内は日影が少ないので、夏の見学は熱中症対策をしっかりと。遺跡内の食堂兼売店はフォーロの神殿裏一か所のみ、トイレは景観を損ねないよう、隠れた場所にあります。

3つある入り口のひとつ、ポルタ・マリーナ（マリーナ門）は駅から近く、オーディオガイドなどもレンタルできます。

Via Marina,6 Pompei
081-8575347
pompeiisites.org
4〜10月9:00〜19:00、1〜3・11・12月9:00〜17:00、1月1日・5月1日休
€18、秘儀荘込み€22
※入場制限があるため、当日行っても入れない可能性あり。オンライン購入がおすすめ
access　ナポリ中央駅地下ホームから私鉄Circumvesuvianaのソレント行で約40分。Pompei Scavi Villa dei Misteri駅下車、徒歩約2分
MAP＊P.123

古代ローマ時代に馬車の車輪でできた轍の跡が、今でも道に残っています。

紀元37年にローマ皇帝に即位したカリグラの門。

Foro
フォーロ

ポンペイでいちばん大きな広場でジュピター神殿があります。当時の人口約2万人が入る集会広場で、選挙演説などが行われました。この広場を起点に見学するとわかりやすいです。バジリカ、アポロ神殿などが隣接し、メインストリートのアボンダンツァ通りにもつながっています。

Panificio
パン屋

石うすでひいた小麦を発酵させ、米印を表面に入れてちぎりやすくした炭になったパンが遺跡から発掘されています。窯は石窯で、現在ナポリのピッツェリアで使われているような窯とほぼ同じシステム。石うすは二層式で、ロバや人力によって粉にしていました。

Lupanare
ルパナーレ

現在、唯一見学可能な娼婦の館。当時は30軒程度あったといわれています。薄暗い部屋には石のベッドがあり、廊下の上にはエロティックなフレスコ画が。近くの建物の入り口の上には男根がありますが、これは古代ローマ社会における豊饒や富のシンボルです。

Terme Stabiane
スタビアーネ浴場

古代ローマ人の風呂好きは有名ですが、当時テルメは男湯と女湯に分かれ、男湯には冷水、ぬるま湯、温水の3つの部屋がありました。浴場内は床と壁を二層式にし、その間に熱気を通して部屋全体をあたためるシステムになっていて、古代ローマ人の文明の高さに驚きます。

Teatro Grande
大劇場

ここでは主にギリシャ喜劇、コンサート、演劇などが行われていたようです。階段式の客席の下から数段は、町の有力者のVIP席で、座席に名前が記載されています。大劇場の横にすぐ音響効果のいい小劇場、奥にはパレストラと呼ばれるスポーツジムがあります。

Casa della Venere in Conchiglia
貝殻のビーナスの家

アボンダンツァ通り沿いにある、優雅な邸宅。入り口を入ると中庭が広がり、自然の風景を描いたフレスコ画はタペストリーのようで、中庭の自然と調和し美しい空間です。高価なラピスラズリを顔料とするウルトラマリンをふんだんに使った邸宅は富の象徴です。

Fullonica di Stephanus
ステファヌスの洗濯屋

邸宅を改築した洗濯屋。2階で洗濯物が干され、邸宅奥には階段式の浴槽があります。当時は人間や動物の尿を含んだ水を洗剤として使用し、奴隷が足で踏み洗いをしていました。入り口では、店の主人が金貨を持って逃げようとしたらしい人骨が発掘されました。

Villa dei Misteri
秘儀荘

秘密の儀式を行う館で、城壁外にあります。名前の由来にもなっている秘密の儀式とはディオニソス(酒の神バッカス)信仰です。陶酔で宗教的な狂乱を起すため禁じられていました。「ポンペイの赤」で有名なフレスコ画に描かれたアリアンナの結婚の一連の行事が描かれています。

Scavi di Ercolano
エルコラーノの遺跡

遺跡入り口の外周道路から見た世界遺産のエルコラーノ。奥にはヴェスヴィオ火山が。

古代ローマ人あこがれの別荘地

　ポンペイ同様79年の噴火で、火砕物に埋もれて遺跡となりました。いちばんの違いは被災の仕方です。夜中に400度以上の高温の泥が時速160kmのスピードで一気に山から海に向かって流れ、エルコラーノの町は一瞬にして濁流に飲み込まれます。高温で炭化してしまった人骨、そして綿や木材が出土していますが、触ると崩れるため発掘は容易ではありませんでした。

　当時、海のすぐそばにあったエルコラーノは人口約4000人で、古代ローマ貴族の優雅なリゾート地でした。噴火の堆積物によって海岸線が移動し、現在は海から400mほど離れた場所にあります。規模は4haでポンペイの約10分の1ほどですが、出土した邸宅の装飾の優雅さは圧巻。1709年、井戸を掘った際に発見されましたが、堆積層の高さがポンペイは6mなのに対し約20mもあり、かたく、発掘作業がなかなか進みませんでした。

1／79年の噴火前まで、海がすぐ目の前にあるリゾート地でした。　2／水汲み場には一つひとつデザインの違う彫刻が施されています。

Corso Regina,187 Ercolano
081-0106490
ercolano.cultura.gov.it
3月16日〜10月14日8:30〜19:30、
10月15日〜3月15日8:30〜17:00、
1月1日・12月25日休　€16
access　ナポリ中央駅地下ホームから私鉄Circumvesuvianaのポッジョマリーノ行で約20分。Ercolano駅下車、徒歩約10分　MAP＊P.123

Fornici
船倉庫

当時は海が目の前にあり、船の格納庫でした。1980年、ここから約300体の人骨が発掘されました。昼過ぎに噴火があった後、住民は格納庫に集まり、海からの救援を待っていましたが、溶岩が海に流れ込むなかで、高温の水蒸気熱で一瞬にして人骨が炭と化します。1982年にはローマ時代の船も出土しました。

Sede degli Augustali
アウグスト信奉会

アウグスターリとは神格化した古代ローマ皇帝、アウグスト崇拝のこと。解放奴隷にとっては貴族社会に仲間入りし、アウグストを信仰する場所で、貴族階級のサロンだったそう。左のフレスコ画はオリンパスに入るヘラクレス、右はヘラクレスと河の神アケローオス。戦いの末、女性デイアネーラをヘラクレスが奪うシーンです。

Terme Suburbane
郊外浴場

8つの明り取りの窓を持つ明るい浴場。通常の浴場とは違い男湯と女湯の区別がなく、時間帯で別浴していたと考えられています。入り口には水盤と美しい彫刻があり、追って来た溶岩が壁に残る更衣室や冷水浴を抜けると、奥に漆喰の浮彫装飾が優雅な床暖の温水プールがあります。

Casa di Nettuno e Anfitrite
ネプチューンとアンフィトリデの家

練りガラスや貝殻も使用した海の神と女神の素晴らしいモザイクは必見。このモザイクがある部屋は傾斜つきのベッドで3人がひとつのテーブルを囲む古代ローマ独特のサロン、トリクリニウムでした。来客用の晩餐ルームなので装飾は豪華さを極めました。

Reggia di Caserta
カゼルタの王宮

1997年に世界遺産登録。白壁に金の漆喰装飾が豪華な、王座の間。

数々の映画のシーンにも登場

　王宮は1752年、スペイン王カルロ3世の命でヴァンヴィテッリの水道橋も手掛けた建築家ルイッジ・ヴァンヴィテッリにより建設がはじまります。約25年の歳月をかけ、1400の部屋と1742の窓、34の階段を持つ巨大な建物を建設しました。世界遺産にも登録されています。そのスケールから南イタリアのベルサイユとも呼ばれています。入り口の「表敬の階段」では、映画「スター・ウォーズ」や「ミッション:インポッシブル」などの撮影も行われました。建物のメインホールから左手は春夏秋冬の4つの部屋が続く歴史が古い部分、右手は王座のある謁見室などを配した19世紀半ばにつくられた部分です。

　広大な庭園は、奥行きが3km！　一直線の水路の突き当りにギリシャ神話のダイアナとアクタイオンの彫刻が立つ滝があります。右手には王妃の命によりイギリス人造園家がつくり出した美しいイギリス式庭園の入り口があります。

庭園内は広いので、ダイアナとアクタイオンの滝までバスが運行している。

Reggia di Caserta

1／王座の間には、建設工事がはじまった時の様子が描かれた天井画が。　2／メインホールにある絵は、8歳で両シチリア王となったフェルディナンド王の戴冠式。　3／王宮入り口にある、優雅な大階段。中央は宮殿を建設したスペイン王カルロ3世の像。

1／庭園内を貫く水路には、5つの大きな彫刻群の噴水があり、長い水路に華を添えています。　2／イギリス式庭園には、沼や川があり幻想的で印象派絵画のよう。　3／美しい沼に佇む、彫刻「ヴィーナスの入浴」は必見です。

Piazza Carlo di Borbone,Caserta
0823-448084　reggiadicaserta.cultura.gov.it
王宮8:30〜19:30、庭園の開園時間は各月で異なる（サイトで確認を）、火曜休
※イギリス式庭園は天候によって見学できない場合あり
火曜・1月1日・12月25日休
■ 王宮と庭園€18
※入場制限があるためオンライン購入がおすすめ
access　ナポリ中央駅からTrenitaliaのローカル（Regionale）線で約30分。Caserta駅下車、すぐ
MAP＊P.8

Scavi di Paestum
パエストゥムの遺跡

パエストゥムはギリシャ語でポセイドニア。海の神様ポセイドンをあらわします。

ギリシャ植民都市の神殿群

　驚くほど保存状態のいい3つの神殿が並びます。向かっていちばん左がバジリカ。紀元前6世紀中頃に建てられた女神ヘラにささげられた神殿で、ギリシャ建築前期のドーリア式の柱です。中央は保存状態のいい海の神ポセイドン神殿で、紀元前5世紀中頃に建造され、屋根の破風もしっかり残っています。右端は農業の女神ケレス神殿です。紀元前6世紀の末頃につくられたもので、実際は知恵、芸術の女神アテナ神殿だといわれています。

　意外にも、当時の神殿は白をベースに、赤、青などの極彩色だったそうです。博物館には、おもしろい構図の「海に飛び込む男」が描かれた棺の蓋、神殿の装飾彫刻のオリジナル品、棺などが展示されています。

Via Magna Grecia,919 Capaccio Paestum
0828-811023　museopaestum.cultura.gov.it
1年を通して開館時間8:30。
閉館時間は各月で異なるため、サイトで確認を。無休
■ 1・2・12月€10、3〜11月€15
access ナポリ中央駅からTrenitaliaのローカル（Regionale）線で約90分。Paestum駅下車、駅前から真っすぐ海方面へ徒歩約15分。無人駅なので必ず往復チケットの購入を
MAP＊P.8

1／上部より下部に向かって少し太った柱は、年代の古いドーリア式の特徴のひとつです。　2／2500年以上前に建てられたと思えない優美さを感じるケレス神殿は、私のお気に入り。　3／紀元前50世紀の円形劇場跡。1998年ユネスコの世界遺産に登録されました。

ナポリ湾の島々

Le isole del golfo di Napoli

個性豊かな3つの島――
目的を持って楽しんで

　ナポリ湾には3つの島が点在します。もっとも西に位置するのが、いちばん大きなイスキア島です。豊富な源泉を利用した温泉施設、観光、海水浴、ウォーキングにグルメとたくさんの楽しみがあるので、日帰りではちょっともったいないかもしれません。そのすぐ東隣りにあるのが小さなプロチダ島。島民の暮らしを肌で感じることができるので、のんびりと島の雰囲気を楽しみたい人におすすめです。最近はスケッチや写真撮影を趣味にしている人にとくに人気です。このふたつの島は、ナポリの西にあるフレグレイ平野（燃える平野の意）と同じ火山性の地質で、ビーチは黒砂です。

　そしてナポリの南に位置するのがカプリ島。初代ローマ皇帝アウグストゥスがその美しさにほれ込み、自分が所有していたイスキア島と交換して手に入れたといわれています。はじめて訪れる人を虜にする素晴らしい景色と真っ青な海の色――。実際に訪れると、皇帝がこの島をほしがった気持ちがわかるでしょう。カプリ島は石灰を多く含む白い岩肌と切り立った断崖絶壁の地形が特徴的。船に乗って海から島をながめると、そのダイナミックでグラマラスな姿に驚くはず。夏にはこの岩肌に、コバルトブルーの海が強い太陽の光によって照らし出され、最高に美しい風景を堪能できます。

　いずれの島もナポリからアクセスがよく日帰りできます。3つの島はそれぞれ魅力や楽しめることが異なるので、何をして過ごすかプランを決めてから訪れるのがおすすめです。また、リゾート地のため、ホテルやお店はイースター休暇前の4月から10月末までの季節営業が多く、ハイシーズンの8月は最低宿泊数が決まっているところがほとんど。冬季に訪れる場合は、事前にしっかり情報を調べておきましょう。

世界中の観光客から人気を集めるカプリ島、アナカプリからのながめ。奥に見えるのはソレント半島。

Isola di Capri
カプリ島

ナポリやソレント、アマルフィ方面から来る船が到着するマリーナ・グランデ港。

ローマ皇帝も暮らした優雅な島

　石灰岩でできた岩肌は白く、海の色はどこまでも青くキラキラと光り輝くカプリ島。その青さにとりつかれたのでしょうか、この島の東端に西暦27〜37年までの間、古代ローマ皇帝ティベリウスが住み、ここからローマを治めていました。代理人の権勢になやみ、女性関係でうまくいっていなかった時代、ティベリウス皇帝は恐らく、「癒し」を求めてここにたどり着いたのだろう気持ちがよくわかります。あの青の洞窟は、ティベリウスがプライベートプールとして使っていたといわれています。

　島の人口は約1万人で、カプリ、アナプリというふたつの地区にわかれています。カプリ地区の中心にあるウンベルト1世広場付近には有名ブランドのショップやホテルが並び、華やかな雰囲気。アナカプリには青の洞窟、360度の絶景が見渡せるモンテ・ソラーロ山頂や、作家の邸宅などがあります。夏のハイシーズンには一日1万人以上が島を訪れ、大混雑します。レストランは必ず予約したほうがいいでしょう。また、ケーブルカー、バスなどの公共交通は常に満員なので、余裕をもって行動しましょう。

access フェリー（Caremar社）がナポリのポルタ・ディ・マッサ港から運航、所要約90分。高速船（NLG社、SNAV社、Caremar社）がナポリのベベレッロ港から運航、所要約50分。船着場のあるマリーナ・グランデ港からカプリ地区へは約5分のケーブルカーが便利。アナカプリ地区へは一旦カプリまで上がりミニバスに乗り換えるか、本数は少ないですが港からの直行ミニバスも

1／港からカプリ地区までケーブルカーで5分ほど。あっという間に到着します。　2／カプリ地区のケーブルカー横の時計塔は、待ち合わせ場所によく使われます。

カプリ島MAP

カプリ地区MAP

洞窟内は奥に行くほど光が届かないので、入り口付近がいちばん美しく発色しています。

自然がつくり出した奇跡の
「青の洞窟」

　青の洞窟（Grotta Azzurra）は、海水や風などで浸食されてきた自然の洞窟。マリーナ・グランデ港からモーターボートで約15分、洞窟入り口に到着します。波の状況次第では、ボートで何時間も待たされることも。船酔いする人は、時間はかかりますが港からタクシーで青の洞窟の上まで行き、そこから階段で洞窟横まで行くことができます。順番が来たら4人乗りの手漕ぎの小舟に乗り換え、小舟代と入場料を払い洞窟へ。その際、仰向けに寝て入ります。青の洞窟の入り口はぽっかりと空いた穴で、横と高さが約1mずつしかありません。そのため雨や風、高潮で水位が高い日は入れず、むしろ見学できない日のほうが多いくらい。コンディションがよければ洞窟のなかに太陽光が反射し、「今まで、こんな色見たことない！」と驚くほど美しい紺碧に出会えます。

陸路で行く場合、洞窟入り口のすぐ横から手漕ぎボートに乗ってアプローチできます。

島一周クルーズへ！

青の洞窟行きのボートのほかに、カプリ島の美しい海を堪能できる島を一周するツアーもあります。天候がよければ、船はマリーナ・グランデ港を出て時計まわりに進みます。島の東側には、マリア像に見える鍾乳石がある大きな白の洞窟が。断崖絶壁の上にある天然のアーチでは、運がよければ野生のヤギがひょっこり顔を出してくれます。カプリ島のシンボルである大きな3つの断崖ファライヨーニ、別荘などが多いマリーナ・ピッコラ、海の色がエメラルドに見える緑の洞窟を見て、灯台を経由し青の洞窟前を通り、マリーナ・グランデに戻ります。島一周と青の洞窟の入場がセットになったツアーもあり、ラーゼル・カプリなどが催行しています。

緑の洞窟と呼ばれていますが、ここも碧く美しい。青の洞窟に立ち寄らない島一周ツアーの所要時間は約1時間。

ファライヨーニの3つの断崖のうち、真ん中の岩にトンネルがあり、船で通れます。トンネル通過中に恋人とキスをすると幸運が訪れる！といういい伝えが。

MAP＊P.85

【ツアー催行会社】
○Laser Capri
ラーゼル・カプリ
081-8375208
www.lasercapri.com
MAP＊P.85

○Motoscafisti di Capri
モトスカフィスティ・ディ・カプリ
081-8375646
www.motoscafisticapri.com
MAP＊P.85

展望台から、ヘアピンカーブが続くクルップ通りを見られます。高低差が約100mあり、マリーナ・ピッコラと庭園を結んでいます。

1,2／ファライヨーニをバックに写真を撮るならこちらの展望台がおすすめ。陸からいちばん離れた小島だけに生息しているという真っ青なトカゲの話が書かれたタイルが。

Giardini di Augusto
アウグスト庭園

カプリブルーを見渡す展望台

カプリ地区の中心、ウンベルト1世広場より徒歩約15分。老舗ホテル、クイシサーナ横の小道を下り、突き当りを右に進みます。マリーナ・グランデ港がある北側のおだやかなナポリ湾岸とは違い、ダイナミックな荒波に削られた断崖絶壁上にある庭園で、一年中花やハーブが植えられています。展望台からはカプリ島の外海側を望むことができます。庭園から続くクルップ通り(Via Kurupp)は1.3kmにも及ぶつづら折りのスロープで、ドイツ人企業家クルップ氏が1899年カプリ市に提案し、実現したもの。マリーナ・ピッコラまで続いています。海を正面に見て左方向には、カプリを代表する3つの断崖、ファライヨーニが見えます。

手入れの行き届いた庭園には一年中、季節の花が咲いています。

Via Matteotti,2 Capri
081-8386214
old.cittadicapri.it/it/s/
giardini-di-augusto-e-via-krupp
9:00～20:00、1～3・11～12月9:30
～16:30、冬季は不定期メンテナンス休業の可能性あり
€2.50
MAP＊P.85

Isola di Capri

Villa San Michele
サン・ミケーレ荘

ソレントが間近に見える

　スウェーデン人医師アクセル・ムンテ氏の邸宅です。多才な医師はカプリ島に56年間住み、動物と自然をこよなく愛し、小説「サン・ミケーレ物語」を出版。45か国もの言葉に翻訳されました。庭園内のいちばん奥の展望台からは、ソレント半島とアマルフィ海岸が一望できます。

Viale Axel Munthe,34 Anacapri
081-8371401
villasanmichele.eu
9:00〜18:00、1・2・11・12月9:00〜15:30、4・10月9:00〜17:00、3月9:00〜16:30、無休
€10
MAP＊P.85

1／アクセル・ムンテ医師が収集していた、古代ローマ時代の芸術品などが展示されています。 2／いちばん奥の展望台には、入手経路など謎多い古代エジプト（3200年前）のスフィンクス像が。

1／気温が低い日は少し寒いですが、空気が澄んで素晴らしい景色が見られます。 2／夏は日焼け対策、冬は防寒をしっかりして乗りましょう。

Monte Solaro
モンテ・ソラーロ

カプリで太陽にいちばん近い場所

　アナカプリのビットリア小広場から、スキー場にあるようなチェアリフトで片道13分。標高589mの山頂に到着！ モンテ・ソラーロは太陽の山という意味で、本当に日差しがきついので夏に訪れる際は日焼け対策を万全に。360度の景色を堪能できます。夏の間は山頂にカフェがオープンし、ゆっくり過ごせます。

montesolarocapri.it
リフト運行時間 3・4月9:30〜16:30、5・8〜10月9:30〜17:00、6〜7月9:30〜20:30、1・2・11・12月9:30〜15:30、冬季は不定期メンテナンス休業の可能性あり
€14（リフト代往復）
MAP＊P.85

1／ジャクリーン・ケネディは「カプリの花」の愛好家でした。オードパルファムは50ml€80、100ml€100。　2／アルコールを使用しない練香水€55は3種類の香り。　3／ミニサイズのいろいろなアイテムがセットになったコフレも人気。　4／石鹸類はクローゼットの引き出しに入れると、香りを楽しめます。

Cartusia
カルトゥーシア

修道院のレシピを再現した香水

　1380年、ナポリ王妃がカプリ島に滞在するという知らせを受けたサン・ジャコモ修道院は、カプリ島に咲く美しい花々をいけて王妃を歓迎しました。その後片づけの際、修道士は花器の水から甘い香りがすることに気がつきました。これがカルトゥーシアの香水のはじまりです。時を経て1948年、昔の香水のつくり方を記したものが見つかり、再現されました。以降2002年までカプリ島のみで製造販売され、現在は世界各地に店舗があります。いちばん人気はレモンリーフの香りがさわやかな「地中海(Mediterraneo)」だそう。そのほか、スズランやカーネーションの清楚な香り「カプリの花(Fiori di Capri)」なども評判です。カプリ島に5店舗あります。

アウグスト庭園に近いショップ内で香水がつくられています。

Via Matteotti,2D Capri
081-8375393
www.carthusia.it
1・2・11・12月9:00〜17:00、
3・10月9:00〜19:00、
4〜9月9:00〜20:00、無休
MAP＊P.85

Isola di Capri

1／素材やデザインにもよりますが、ワンピースのオーダーは€500〜。　2／水着の上にぱっと着られるかぶりタイプのワンピースも人気です。　3／オリジナルのプリント地には店名が。プリントの柄は毎年トレンドに合わせて変えているそう。

Fiore
フィオーレ

センスが光るリゾート着

　あざやかな色と南イタリアらしいプリントが目を引くブティック。「お店のロゴ入りオリジナルプリントを、毎シーズン北イタリアのコモ湖にある会社にお願いしています」とオーナーのバレリアさん。レモンや珊瑚のプリントが不動の人気。洋服の素材はシルクのシフォンやストレッチなどちょっとめずらしいものもあります。シンプルなものなら、採寸から縫製まで丸一日あれば完成するので、オーダーメイドも可能。スワロフスキーのついたかわいいかごバッグやイタリア有数の帽子メーカー、ボルサリーノに制作を依頼しているフィオーレオリジナルデザインのパナマ帽などのファッション小物もあります。

リゾート地らしいかごバッグがいちばん人気。

Via Roma,37-43 Capri
351-8544601
www.fiorecapri.it
10:00〜20:00、
6・9月10:00〜21:00、
7・8月10:00〜22:00、
1〜3・11・12月休
MAP＊P.85

フェイスのデザインやベルトの種類など、
イタリアならではの明るい色合いのものが人気。

1／必要最小限のものが入るミニサイズ（手前）と、通勤にも使えそうな大きめサイズ（後ろ）。シンプルでエレガントなデザインは、使い勝手がよさそう。　2／ナポリやアマルフィ、ソレントへ行く高速船が発着するマリーナ・グランデ港にあります。

Fiore Capri Watch
フィオーレ・カプリウォッチ

メンズもレディースも種類が豊富

　カプリ島内では、スワロフスキーをあしらった女性用のかわいいカプリ・ウォッチの時計のポスターをあちこちで見かけます。その店内には素敵なデザインの時計がたくさん。カプリの小広場にあるマヨルカ焼の時計塔の文字盤と同じデザインのものや、メンズの時計もそろっています。ベルトもセラミック、革、プラスチックなど多様で値段は€160〜。さらに明るい発色のバッグ€79〜も取り扱っていて、ちょっとしたお出かけにぴったりの小さめサイズから、大きなものまでラインアップ。日本人スタッフがいるので、日本語で対応してくれます。通りには系列のジュエリー専門店、ジョイエレリア・フィオーレ（Gioielleria Fiore）もあるのでのぞいてみて。

チェーンタイプのベルトのサイズは
その場で調整してくれます。

Via Cristoforo Colombo,78 Capri
081-8379413
9:00〜18:00、3・11月9:00〜17:00、
不定休・1・2・12月休
MAP＊P.85

Buonocore

ブォーノコレ

毎朝つくられるフレッシュジェラート

　ジェラート大国イタリアですが、自家製にこだわるお店は意外にも少ないのです。こちらでは、キッチンで手づくりした新鮮なジェラートを味わえます。ナッツ系やフルーツ系など10〜15種類が店頭に並び、なかでも人気はピスタチオやコーヒー、チョコレート系だそう。私のおすすめはたっぷりのクラッシュアーモンドとチョコチップがうれしいファンタジーア・ディ・カプリ（Fantasia di Capri）。コーンもまさかの手づくりで、とてもおいしい！ 店内に入って階段を下りると、ドルチェやターボラ・カルダ（お惣菜）、フォカッチャなども購入できます。カウンターが空いていればイートインもOK。

1／コーンを焼く甘い香りに誘われて、食べずにはいられません。　2／お店の前にはいつもずらりとジェラート待ちの人が並んでいます。

イチゴと生クリーム味のパンフラゴラ（Panfragola）と、香ばしいピスタチオの2フレーバーで€5。

店内では野菜の惣菜、肉料理、パスタ、焼き菓子、コーヒーなどを販売しています。

Via Vittorio Emanuele,35 Capri
081-8377826
9:30〜20:00（ただし冬季は夕方前後に閉店）、1・2・11・12月休
英語メニュー ×
MAP＊P.85

Isola di Capri

Capri Rooftop
カプリ・ルーフトップ

海風が気持ちいいオープンデッキバー

　バーラウンジですが、ソフトドリンクやコーヒー、軽食などのメニューも豊富で、今、注目のお店です。入るとオープンな空間が広がり、カプリのシンボル、ファライヨーニが！　この景色を見ながらのんびり過ごすことができ、人通りの多い場所にあるカフェより断然落ち着けておすすめです。

Via Matteotti,7 Capri
081-8378147
www.caprirooftop.com
11:00〜23:00、6〜8月11:00〜24:00、1〜3・11・12月休
英語メニュー　○
MAP＊P.85

1／オープンエアにソファ席などもあり、美しいサンセットが見られます。　2／ソフトドリンクやコーヒーなど、予算は€15程度。

Il Geranio
イル・ジェラニオ

テラス席を予約して絶景を

　マッテオッティ通り（Via Matteotti）から階段を少し上ります。ランチはファライヨーニを望む絶景を楽しみながら食事できるとあって人気が高く、テラス席を予約してから行くことをおすすめします。素材のよさをいかしたシンプルな魚介料理が多く、比較的お手頃価格なのも◎。

1／鯛のアクアパッツァ。調理法は塩焼き、オーブン焼きなど指定できます。　2／エビ、タコ、イカ、貝などシーフード料理が評判。　3／夕食は暗くて景色が見えないので、ランチでの利用がおすすめ。

Via Matteotti,8 Capri
081-8370616
www.geraniocapri.com
12:00〜15:00、19:00〜22:30、1〜3・11・12月休
英語メニュー　○
MAP＊P.85

Lo Smeraldo

ロ・ズメラルド

近海でとれる新鮮な魚ならここ

　マリーナ・グランデのチケットセンター裏にある静かなレストラン。ビーチクラブも併設していて、海水浴も気軽にできるロケーションです。おすすめはカプリの近海でとれる魚。何より新鮮で、養殖と違い身が引き締まっていて、これぞイタリアンシーフード！と気分も盛り上がります。魚は重さによって値段が変わります。おすすめの調理法はアクアパッツァ。ほんの少量のトマトと水を入れオーブンで焼きます。イタリアではお肉より魚のほうが高く、しかも天然ものと養殖もので価格差が大きいため、量り売りの魚の値段が気になる場合はオーダー時に確認しておきましょう。

その日にとれた魚を選んで、調理法を指定してオーダー。魚を使ったパスタを頼む場合、割高になりますがひと皿€40～程度。夏季の週末のみディナーも営業しています。

1／ムール貝がたっぷり入ったパスタ。旬は5～8月。夏場の貝はより味がしっかりしています。
2／魚や貝類を使った日替わりパスタなどもお店のおすすめ。

Piazza Vittoria,1 Marina Gande Capri
081-8375072
www.losmeraldocapri.it
12:00～17:00、夏季土日曜12:00～17:00、19:30～22:30、1～3・11・12月休
英語メニュー　○
MAP＊P.85

Isola di Capri

1／海の幸のパスタ（Pasta con Frutti di Mare）€18。 2／レモンと塩でさっぱりいただくイワシのフライ（Alici Fritti）は人気。 3／広い店内もすぐ満員になるので、ハイシーズンは必ず予約を。

Verginiello
ヴェルジニエッロ

地元っ子カプレーゼ愛用のレストラン

　ウンベルト1世広場から徒歩約7分。ローマ通り（Via Roma）を歩き、郵便局の脇の階段を数段下りると看板が見えます。1961年からカプリ島の人たちに愛され続けているレストランで、伝統的な家庭料理を味わえます。カプリでは数少ない、窯焼きピッツァをオーダーできるレストランのひとつでもあります。店内は広々としていますがシーズン中は常に満席なので、ハイシーズンは予約必須！ 南イタリアの海沿いでよく食べられる郷土料理、ナスのパルミジャーナをはじめ、リコッタチーズを詰めたシンプルなトマトソースのカプリ風ラビオリ、シンプルなイワシのフライなどメニューも豊富で新鮮です。

Via Lo Palazzo, 25 Capri
081-8370944
www.instagram.com/verginiello_capri/
12:00～15:00、19:00～23:00、
11月の約2週間休
英語メニュー ○
MAP＊P.85

Isola di Capri

Hotel della Piccola Marina
ホテル・デッラ・ピッコラ・マリーナ

カプリ地区へ徒歩圏内のプチホテル

ウンベルト1世広場からローマ通りへ進み、ロータリーの少し先、マリーナ・ピッコラ通り（Via Marina Piccola）に入ってすぐのところに階段があります。下りていくと、緑豊かで閑静な住宅街が広がるムーロ通りに入ります。静かな住宅地を5分ほど歩くと、ホテルに到着。建物は風通しのいいカプリ風建築を残しつつ、モダン＆エレガントにリフォームされています。客室はゆったりとして涼やか。406号室の離れはカップルに、503号室はコネクトルームでファミリーに人気。クラシックルーム以外はシービューです。

プライベートガーデンにはプールとドリンクバーのコーナーが。

1／海の青を基調としたプライベート感がある離れの406号室。　2／バスタブのない部屋も3割ほどあるので、予約の際に確認を。

プライベートの別荘が多く静かなマリーナ・ピッコラ地区にある。

Via Mulo,14-16 Capri
081-8379642
hoteldellapiccolamarina.it/#/en/
1室€250〜、朝食つき
全40室
※予約は2泊以上（8月は7日単位）が基本。ただしローシーズンの平日は1泊可の場合もあり
※1〜3・11・12月休
MAP＊P.85

Isola d'Ischia
イスキア島

温泉好きなドイツ人や北欧の人たちにも人気が高いイスキア島。その多様なスタイルが魅力。

海底火山でできた、魅惑の温泉島

　緑豊かな山と紺碧の海、そして温泉もあるツーリストにとっての理想郷、イスキア島。古代ギリシャ人やローマ人はその魅力を十分知っていて、今でも彼らが湯治に来た場所が存在します。島の東側にあるフォリオの港からは、みずみずしい緑でおおわれた標高788mのエポメオ山が見え、斜面にはブドウ畑が点在します。海底火山が隆起してできた島のため土壌のミネラルが豊富で、ワインづくりが盛ん。ブドウだけでなく、味わい深い野菜も育てられています。温泉のほかにグルメやワインも、イスキア島滞在の楽しみのひとつです。

　イスキア島はナポリ湾のなかでいちばん大きな島で、人口は約6万2000人。ナポリからの船はイスキア・ポルトのほかに、カサミッチョラ・テルメとフォリオの港に運航しています。いちばん大きな港のイスキア・ポルトにはバスターミナルがあり、ここを起点に各地へバス移動が可能。島半周で1時間程度かかります。夏はバスが遅くまで運行しますが、冬は本数が激減するのでご注意を。1日でいくつものスポットをまわるのはむずかしいので、目的を決めてプランを立てるのがおすすめです。

> access　フェリー（Caremar社、Medmar社）がナポリのポルタ・ディ・マッサ港からイスキア・ポルトまで運航、所要約90分。高速船がナポリのベベレッロ港からカサミッチョラ（SNAV社）、イスキア・ポルト（Alilauro社、Caremar社）、フォリオ（Alilauro社）まで運航、所要約50分

フォリオ地区MAP

1／広い敷地内に歴史的建物や庭園が点在しているアラゴン城。　2／海の上に突き出た岩礁に建つフォリオ地区のソッコルソ教会。

イスキア島MAP

イスキア地区MAP

テルメで癒される

　火山の島イスキアには29の源泉と、100を超える湧き出し口があり、主にアルカリ泉質です。とくに古代ギリシャ人は早くからイスキアの「不思議な水」の効果に気づき、戦争で受けた傷を癒しに訪れていました。その後、古代ローマ人がリラクゼーションと効果を求めテルメ（公衆温泉施設）を建設します。ローマ帝国滅亡後、イスキアの湯治も衰退しますが、17世紀、ナポリ大学のイアソリーノ博士の研究で再び脚光を浴び、ナポリの貴族会が庶民も楽しめる温泉施設をつくりました。当時、ヨーロッパ最大規模の温泉で、テルメツーリズムを楽しめる場所としてイスキア島が知られるようになりました。現在では、温泉プール公園やホテル併設の温泉プール、こだわりの古代の源泉、海中温泉などいろいろなスタイルの温泉を体験できます。

　また近年、温泉水を利用したオリジナルコスメを製造販売しているテルメも多く、アラゴン城近くのルイッジ・マッゼッラ通り（Via Luigi Mazzella）をはじめ、島内各地にあるおみやげ店や化粧品店で購入できます。

イスキアのテルメはオープンエアが多いので、楽しめるのは4〜10月頃までです。（Baia di Sorgeto P.102）

ファンゴ（Fango）と呼ばれる泥のパックはピーリング効果があるほか、老廃物を取りのぞいてくれます。（Cavascura P.103）

テルメの利用方法＆注意点

- 温泉といっても、裸ではなく水着で入ります。
- 温泉プール公園など、場所によっては水泳帽の着用が義務づけられているところも。
- 季節によっては湯上りの際に寒く感じることもあるので、タオルやパレオの持参を。
- プールに入る前に足を浸す消毒槽があるので、そこから入りましょう。
- ファンゴ（泥）などのスパを利用の場合は、メディカルチェック（問診）があるのが一般的です。
- 温泉プール公園ではタオル、帽子などの備品は有料でレンタルも可能。

※島を代表する温泉プール公園はP.101で紹介するカスティリオーネのほかに、フォリオ地区のポセイドンとラッコ・アメーノ地区のネゴンボがあり、そちらもおすすめです

Castiglione

カスティリオーネ

ふたつの港から近くアクセス良好

イスキア・ポルトのバス停からカサミッチョラ・テルメ方面へ1または2番のバスに乗り、5つ目の停留所Castiglioneで下車。イスキア・ポルトとカサミッチョラの間に位置する温泉プール公園で、どちらの港へも15〜20分以内でアクセスできます。ほかのふたつの温泉プール公園(P.100)とくらべて少し小さめです。園内入り口から専用ケーブルカーで下りていくと、目の前に段々畑のよう広がる3つの大きなプールがあります。室内プールもあわせて合計8つのプールが敷地内に点在。最高水温40℃のプールの横には15℃の冷水プールがあり、交互に入ることで肌が引き締まります。

1／このプールの温度は32℃。肩や首をほぐしてくれる滝が人気です。　2／室内プールはジャグジーつきでリラックスできます。

傾斜のある敷地につくられていて、上のほうのプールからは海がよく見えます。ホテルも併設しているので宿泊も可能。

Via Castiglione,62
Casamicciola Terme Ischia
081-982551
www.termecastiglione.it/en/
4月中旬〜10月中旬10:00〜18:00、
1〜4月下旬・10月下旬〜12月休
▮▮▮ €29〜78 (13:00以降の入場は割引あり。また、敷地内のどのエリアにあるベッド、またはチェアを利用するかで料金が異なる)
MAP＊P.99

1／緑に囲まれた小さな入り江にあり、開放的な露天風呂といった感じ。　2／卵、トウモロコシ、コーヒーボトルなどを持参する人も。　3／6〜9月のハイシーズンは、サンタンジェロの港から渡し船が出てアクセスが便利。

Baia di Sorgeto
ソルジェート湾

海中から湧く温泉はまさに露天風呂

　島の南西、イスキア・ポルトから離れた場所にありますが、日本スタイルの温泉に近いのが海中温泉のソルジェート。Panzaのバス停から、下り坂を15分ほど歩くと、眼下に岩礁が見えます。坂の突き当りから214段の階段を下ります。浜辺の岩礁はかなり熱くなっている場所もあるのでビーチサンダルは必須。海底から熱い温泉が湧いていて海水と混ざり、ちょうどいい温度になっている場所が岩で囲われていて、巨大なバスタブのよう。唯一のビーチハウスにあるレストラン＆カフェ、ラ・ソルジェンテはなかなかおいしい。更衣室やシャワー、ビーチベッドは有料です。

泥パックを自作販売している露店が出ていてパックも試せます。

Baia di Sorgeto Ischia
081-907837
（Ristorante Bar La Sorgente）
www.baiadisorgeto.it
無休（ただしビーチハウスはハイシーズンのみ営業）
無料
MAP＊P.99

Cavascura
カバスクーラ

古代ローマの洞窟風呂

　島の南側、マロンティ・ビーチを入った場所にあります。夏季はサンタンジェロから渡し船が出ているのでカバスクーラで降りて、山のほうへ300mほど歩くと到着します。行きにくいのが難点ですが、何もない渓谷にひっそりとあり、秘湯感たっぷり。敷地内の奥にある渓谷からは高温の源泉が湧いていて、古代ローマ時代に掘られた水溜の洞窟もあります。岩を掘った洞窟温泉のバスタブとシャワーがあり、バスタブは浅めで、水温は39℃ぐらい。バスタブ、シャワー、泥パック、マッサージなどのコースがあり、利用する施設で料金が異なります。オリジナルコスメも販売していて、おみやげになりそうな石鹸などがおすすめです。

バスタブコースを申し込むと、係の人がお湯を張ってくれます。入浴は1回のみ。

1／コスメのラインアップも豊富で、値段もお手頃。　2／種類豊富なテルメ石鹸は1個€4〜。

右の青壁のなかにバスタブが並んでいます。お湯は使い捨てです。

Via Cavascura Sant'Angelo
(Serrara Fontana)　Ischia
081-19043947
www.cavascura.it/terme/en/
4月下旬〜11月上旬8:30〜18:00、
1〜4月中旬・1月中旬〜12月休
🟥 見学のみ€2、
温泉シャワーとバスタブコース€20
MAP＊P.99

健康美を支え、天然素材にこだわったボディクリーム€18、フェイスクリーム€32。

1／関節や皮膚の炎症部分など、気になるところにひたすらシャワーをかけ続けます。フォリオまたは、イスキア・ポルトからタクシーで約30分。　2／ギリシャ時代の洗髪の様子をあらわした彫刻。　3／マッサージはボディ・アーユルヴェーダの施術も（要予約）。

Nitrodi
ニトローディ

古代ギリシャ人を魅了したテルメ

　紀元前3世紀から1世紀にかけて、古代ギリシャ人はここのお湯で傷や病気を癒していました。当時のテルメの様子を石に彫ったものがここで11点発見されていて、歴史的ロマンを感じます。シャワーのみでバスタブやプールはありませんが、やけどや傷の治療ならココ！と、地元の人が太鼓判を押すテルメです。重炭酸とミネラルをたっぷり含んだシャワーを最低10分以上浴びることで、細胞が活性化し、新しい皮膚の再生が促されるそう。シャワーをたっぷり浴びた日は、毛穴に余計なものが入らないようにするため石鹸などで身体を洗うのはNG。オリジナルコスメシリーズは天然素材と温泉にこだわったふたつのシリーズを販売しています。

園内で食べられるこだわりのヘルシー料理もおすすめです。

Via Pendio Nitrodi Barano Ischia
081-990528
www.nitrodi.com
6〜9月9:00〜19:00、
4・5・10・11月上旬10:00〜17:00、
1〜3・11月中旬〜12月休
■ ベーシックコース（フェイスパック、ハーブティつき）€25〜
MAP＊P.99

Castello Aragonese
アラゴン城

Isola d'Ischia

時間をかけて楽しみたい絶景

　紀元前474年、シチリア島のシラクーサに上陸したギリシャ人が城塞を、紀元前315年に古代ローマ人が城の基礎をつくりました。1194年神聖ローマ帝国のハインリヒ6世がイスキアと城を征服しますが、その後フランスのアンジュー家、15世紀前半には城の名前の由来でもあるスペインのアラゴン家が城を拡張補強しました。城は18世紀に、政治犯罪者の刑務所として使用されたこともあります。城内にあるクラリス会修道院跡、庭園に植えられた多肉植物と季節の花、海をバックにした教会、そして展望台からのながめが素敵です。海が見えるカフェでぜひ、座ってお茶をおすすめします。

1／美しいマドンナ・デラ・リベラ教会は12世紀に建造されました。　2／庭園では多肉植物やオリーブ、ブーゲンビリアなどを見ることができます。

橋でつながった島は城塞化され、なかには多くの建物があり、まるでひとつの町のようです。

Castello Aragonese Ischia
081-992834
castelloaragoneseischia.com/en
9:00〜日没、無休
€12
MAP＊P.99

De Vivo
デ・ビーボ

ハンドメイドのリネンやコットンが人気

イスキアで50年以上続く老舗の生地屋で、寝具やテーブルウエア、リネン製品、タオル、エプロン、ホームウェアなどを専門に扱っています。マリン、珊瑚、レモンなど南イタリア的な柄のアイテムは、部屋を明るい雰囲気にしてくれそう。ハンドメイドのテーブルクロスやナプキンは、吸水性が高く長く使える高級リネンやコットンを使用。生地によっては、希望のサイズを伝えてテーブルクロスをオーダーすることもできます。島内に2店舗あり、ラッコ・アメーノの店舗はリネン製品、オーダーメイド用の生地がとくに充実しています。

上質なコットンを使用したイニシャル入りのミニタオル、フェイスタオルがおすすめ。

1/テーブルクロス、タオル、ベッドカバーなど、長く使えそうな上質なものが豊富です。 2/南イタリアらしいプリントの布地。テーブルクロスやソファカバーなどに使えそう。

Via Roma,34-36
Lacco Ameno Ischia
081-900086
devivotessilericami.com
7〜10月中旬9:30〜13:00、17:00〜22:00、10月下旬〜6月9:30〜13:00、17:00〜20:00、
日曜・祝日休・冬季不定休
MAP＊P.99

Corso Vittorio Colonna,
184 Ischia Porto Ischia
081-992365
9:30〜13:00、16:30〜20:00、
日曜・祝日休
MAP＊P.99

Isola d'Ischia

Agricola Coppa
アグリコラ・コッパ

畑直送！ 火山大地の野菜

　「イスキア島の火山性土壌は、いろいろな野菜をさらにおいしくしてくれるのよ！」とカルメリーナさん。毎朝、旦那さんと一緒に畑に出てオーガニックの野菜や果物を収穫し、八百屋の店頭に並べています。オレンジやイチジクのジャム、トマトやズッキーニ、カボチャの瓶詰をおみやげにしては？

1／カルメリーナさんと、火山土壌のイスキアならではの濃厚な味の野菜たち。 2／イタリアでよくつくられる瓶詰は、冬でもおいしく旬の味が味わえます。「全部畑で朝収穫したのよ」

Via Pescheria,2 Forio Ischia
320-6771532（日本語対応）
10:00～14:00、17:00～18:30、
日曜・祝日休・不定休あり
MAP＊P.99

Ischia Sapori
イスキア・サポーリ

ルッコラからつくる食後酒

　野菜のルッコラを使ったお酒、ルコリーノの専門店で、こちらがはじめてこのお酒をつくりました。アマーロと呼ばれるカテゴリーのお酒で、少し甘苦い、身体によさそうな味わいです。冷凍庫で冷やして、ほんの数口だけ食後にいただきます。めずらしさもあり、すっかりイスキアの名物となりました。

1／イタリア人は食後酒が大好き。アルコール度は30％と高め。200、500、700mlとサイズも豊富。 2／工場内にある売店ではルコリーノ以外にもジャムやクッキー、リキュールなども扱っています。

Corso Vittoria Colonna,206 Ischia Porto Ischia
081-984482　www.ischiasapori.eu
4～6月・10月上旬～11月9:00～21:00、
7～10月中旬9:00～24:00、冬季不定休・1～3・12月休
MAP＊P.99

1／メンズ向けも含む全8シリーズ計100種以上の製品があります。　2／自宅でイスキアテルメを再現できるバスソルト€5やファンゴ石鹸€8、パック€21。　3／フェイスケアに特化したプレステージシリーズ。

Ischia le Terme della Bellezza
イスキア・レ・テルメ・デッラ・ベレッツァ

島内に工場を持つ歴史あるメーカー

　古代ローマ時代、負傷兵が湯治で傷を癒したことで知られていたグルジティエッロの源泉を利用し、1854年、両シチリア王フェルディナンド2世がテルメ、ベリアッツァイ（Belliazzi）を建設しました。この源泉を使った商品、イスキア・コスメティチ・ナトゥラーリ（Ischia Cosmetici Naturali）を、製造販売している化粧品メーカー。おみやげにぴったりなバスソルトや、オイル肌の人向けの泥パックなどがおすすめです。Q10やコラーゲンなどの成分を配合した青いキャップの新商品、プレステージシリーズなどもあります。2軒の直営店のほか、島内の化粧品店で購入できます。

テルメの地下に湧く源泉。60～65℃のアルカリ泉質で、表面にミネラル塩が浮いています。

Via Roma,
104 Ischia Porto Ischia
081-991512
ischialetermedellabellezza.it/en/
7～9月中旬9:30～13:00、17:30～23:30、4～6月・9月下旬～10月9:30～13:00、16:00～20:00、1～3・11～12月休
MAP＊P.99

Via Edgardo Cortese,
6 Ischia Porto Ischia
081-18060221
7～9月中旬10:00～20:30、4～6月・9月下旬～10月10:00～19:00、1～3・11～12月休
MAP＊P.99

Calise

カリーゼ

Isola d'Ischia

人気のイスキア風クロワッサン

エローイ広場をはじめ、島の主要エリアにいくつか店舗を持つ老舗のカフェ・チェーン店。なかはソフト、外はサクサクの食感が楽しいイスキア風クロワッサンで、イタリア風の甘い朝ごはんはいかが？ 砂糖をまぶした素朴な揚げドーナツも軽い食感で人気です。

Via Antonio Sogliuzzo,69 Ischia
081-991270
barcalise.com/home.htm
夏季7:00〜翌2:00、冬季7:00〜20:00、冬季不定休
英語メニュー ×
MAP＊P.99

1／エローイ広場店は植物に囲まれた入り口を10mほど入ります。　2／サクサク生地で香ばしいイスキア風クロワッサンは1個€2。

火山土壌でつくられた白ワイン

ワイン用のブドウの栽培には、土壌が大きく影響します。土壌の凝灰岩は普通、白っぽいのですが、イスキアの凝灰岩は海底火山が海水と接触したことで、めずらしい緑色でミネラル分も豊富です。また、高さ400m以上の山の斜面にある畑は日中と朝晩の温度差が大きく、白ワイン用のブドウ栽培に適しています。

島を代表する土着品種のビアンコレッラが人気で、ミネラルや酸も含んでいますが、口当たりのいいさわやかな味わいのワインです。ワイナリーは島内に多数あり、1888年創業でもっとも古いカーサ・ダンブラ（Casa d'Ambra）ほか、新しいつくり手によるクラテカ（Crateca）やチェナティエンポ（Cenatiempo）などの注目です。島内のレストランで味わえるほか、スーパーや食材店などで購入することも可能です。

飲みやすくきりりと冷えたビアンコレッラは食事との相性が抜群。

1／くさみはなく、緑のハーブ、野性のタイム「ピペルナ（Piperna）」が味のアクセント。 2／お肉のうまみたっぷりのソースをあえた、穴あきパスタのブカティーニ。 3／ウサギは半身（2人分）€23、パスタ€11とリーズナブルで、いつもとてもにぎわっています。

Taverna Verde
タベルナ・ベルデ

イスキア伝統のウサギ肉料理なら

　スローフード協会の「プレシディオ（伝統文化を守る）」にも認定されているイスキアのウサギ。島民たちが住居の落成を祝って、建設に携わった人たちへ振る舞う料理として根づきました。部位ごとに下準備が違うウサギ料理は時間がかかるため、提供するお店は島内でも多くはありませんが、イスキアグルメのひとつとして人気です。プリモ・ピアットはウサギ肉を煮込んだソースでいただくパスタで、ブカティーニまたはタリアテッレと合わせます。メインのウサギ肉は半身、または1匹でオーダー。外はカリッと、なかは白身のジューシーなお肉です。前菜はパスして、パスタとメインだけでもボリューム満点ですが、つけ合わせの自家製フライドポテトもぜひ食べてほしいひと皿。人気が高いので、予約必須です。

Via Ciglio,148 Serrara Fontana Ischia
081-999384（要予約）
19:30〜23:00、1・2・11・12月休
※春〜夏はランチ営業する日もあり（13:00〜14:30）。問い合わせを
英語メニュー ○
MAP＊P.99

La Romantica

ラ・ロマンティカ

イスキアの食材に精通した日本人シェフ

　フォリオ港のすぐそば、海沿いに並ぶレストランの1軒に、イタリア在住20年以上の八重樫圭輔シェフが腕を振るうお店があります。「できるだけご希望の料理を提供したいので、できれば前日までに、どんなものが食べたいか知らせていただきたいです」とのこと。まじめなシェフの人柄が、整然と盛りつけられた料理にもあらわれています。イスキアの食材をこよなく愛し、知り尽くしたシェフのおすすめは、シーフードの前菜盛り合わせ。通常6、7品で構成され、生ではなく火を通したものがいい、旬の野菜も入れてほしいなどのリクエストもOK。季節やその日の仕入れでかわるおすすめパスタなどについても、気軽に日本語で質問できます。

店内は広々していてエレガントな雰囲気。イスキアの新しいワイナリーも含め、ワインセレクトも豊富。

「魚介以外にもおいしいものがたくさんありますよ！」と、イスキアの食材をよく知る八重樫シェフ。

シェフと相談の上、野菜や魚介をベースに、盛り合わせてもらった前菜（写真上）。3品盛りで目安は€50〜。

Via Cristoforo Colombo,1311 Forio Ischia
081-997345　※メニュー相談の電話は、16:00〜18:00の間に受付
12:00〜15:00、19:30〜23:00、1月6日〜2月上旬休
英語メニュー　○
MAP＊P.99

Hotel & Spa Il Moresco
ホテル・アンド・スパ・イル・モレスコ

松林に囲まれた大人の隠れ家ホテル

　樹齢100年以上の松林に囲まれた隠れ家ホテル、イル・モレスコ。1953年、イスキア島を気に入った北イタリアの有力者が、友人と過ごすための別荘をイスキア人建築家に依頼し、建てられました。モレスコとはムーア人を指し、優雅な雰囲気のイスラム風建築が特徴的で、完成当時の内装が現在も残っています。

　ホテル内には3つのプールがあり、中庭のいちばん大きなプールはひょうたん型で、植物園のなかのオアシスのようにくつろげます。そのプールの一角には、もともとはワイン蔵として使われていた、洞窟プールもあります。地下1階のスパにも室内プールがあり、すべてが温泉水です。スパでは肌に潤いと明るさを与えてくれる泥パックなどのスパメニューが受けられるのはもちろん、クナイプ式プールやトルコ風呂もあります。ホテルからすぐのところにプライベートビーチも。朝食はメニュー豊富なビュッフェ形式。港からホテルまでは専用シャトルバスが送迎してくれます。

朝食はビュッフェで、パンやシリアルの種類も豊富です。

一般的なスーペリア・ルーム。バルコニーつきで部屋もゆったりしたつくり。

Isola d'Ischia

イスキア・ポルトから車で約5分。緑豊かな閑静な住宅地にあり、落ち着いて過ごせます。

大プールの横にある洞窟プール。なかには小さな滝もあり、打たせ湯で、肩こり解消!

薄いピンクの壁に、ベネチアングラスのシャンデリア。開放的なロビーエリア。

ホテル内のスパにある温水と冷水を交互に歩行するクナイプ療法のプール。あたためられた泥で全身をくるみ、発汗を促すパックも受けられます。

Via Emanuele Gianturco,16 Ischia
081-981355
www.ilmoresco.it/en/
1室€280〜、朝食つき
全63室
※1〜4月中旬、10月初旬〜12月休業
MAP＊P.99

Isola di Procida
プロチダ島

サン・ミケーレ修道院近くの展望台から見るコリチェッラ。ここで絵を描く人も多くいます。

人懐っこい笑顔があふれる漁師島

　ナポリから高速船で約40分のプロチダは、ナポリ湾でいちばん小さな島。マイペースな島の人たちの生活を垣間見たりしながら、のんびりと何もしないぜいたくを味わってほしい島です。リゾート地の人工的な雰囲気や大混雑とは無縁の魅力的な場所です。

　外周は約16Km、面積は4k㎡ととても小さく、上から見ると犬の形をしています。島の北側にあるマリーナ・グランデ港は高速船とフェリーで船着場が分かれています。港を起点にミニバスが運行していますが、見どころがある島北東部へは徒歩で行くことができます。港からゆるやかな坂道のビットリオ・エマヌエーレ通り（Via Vittorio Emanuele）を上り、T字路を左へ曲がってさらに歩くと、黄色い大きなサンタ・マリア・デッレ・グラッツィエ教会があります。教会を正面にして右方向へ下り坂を進むと、海沿いにパステルカラーの家が並ぶコリチェッラ地区、左方向にのびる上り坂を進むとサン・ミケーレ修道院があります。島を一周してみたいなら、のんびりゆっくりの三輪車、ミクロタクシーがおすすめ。外敵からたびたび侵略されてきたことで築かれた細い路地と塀で高く囲われた中心部の住宅地や、美しいビーチなどを見られます。

　access フェリー（Caremar社）がナポリのポルタ・ディ・マッサ港から運航、所要約60分。高速船（SNAV社、Caremar社）がナポリのベベレッロ港からが運航、所要約40分

Isola di Procida

1／コリチェッラのレストラン近くにはたくさんの猫が。　2／サン・ミケーレ修道院の入り口は、左手の白い階段を上がったところです。

プロチダ島MAP

コリチェッラ地区MAP

島一周できるミクロタクシーは4名まで乗車可能（要予約）。

波の浸食でできた岩が印象的な島東部のキアイオレッラ・ビーチ。

Abazzia San Michele Arcangelo e Belvedere

サン・ミケーレ修道院と展望台

大天使ミカエルの修道院

　プロチダでいちばん高い海抜91mに建つ修道院。教会の天井画は、大天使ミカエルが悪魔を退治するシーンが描かれています。中央祭壇向かって右には、1535年5月8日、プロチダ上空に大天使が降臨し、サラセン人の攻撃を阻止したといういい伝えを描いた絵が。ガイドツアーでのみ見学できます。修道院そばには、プロチダを象徴するコリチェッラの景色を見られる展望台があります。

1／北アフリカなどから来たサラセン人（中世のイスラム人）の略奪に悩まされた祈りの場。　2／大天使ミカエルは、島を守ってくれる守護聖人。

Terra Murata Procida
334-8514028
www.associazionemillennium.it
10:00〜12:30、15:00〜17:00、
土日曜10:00〜12:30、月曜休
■■■無料（ただし心づけを）
MAP＊P.115

Coricella

コリチェッラ

漁師が集うカラフルな入り江

　サリータ・カステッロ通り（Salita Castello）から階段を下ると、静かで美しいコリチェッラ地区の入り江に出ます。小さいながらも漁港なので、午前中は漁師たちがのどかに網のほつれを直したりしています。テラスにはレストランが並び、シンプルで伝統的なシーフード料理を味わえます。

高台にあるサン・ミケーレ修道院からコリチェッラまで徒歩約10分。道すがら漁師町らしい景色を楽しめます。

Via Marina di Coricella Procida
MAP＊P.115

Graziella
グラッツィエッラ

Isola di Procida

シンプルなレモンのパスタを！

　コリチェッラにあるカジュアルな雰囲気のバール・レストラン。人気メニューはカタクチイワシとレモンのパスタですが、レモンだけのパスタが断然私のおすすめです。プロチダ特産のレモンの果肉と果汁が入っていて、レモンの酸味がパスタにしみてさわやかな味わいを楽しめます。イワシはフライを別皿でどうぞ。海の幸の前菜盛り合わせも白ワインにぴったり。ひと皿の量が多めですが味つけはあっさりしているので、結構食べられます。気さくなオーナーはサーブがのんびりしていますが、せかせかせず、海をながめながらゆったりランチを楽しみましょう。

1／シンプルなイワシのフライ（Alici Fritti）はビールや白ワインにぴったり。　2／料理は全体的に、日本人にはちょっと多めのポーション。

レモンのパスタ（Spaghetti al Limone）は飽きの来ないおいしさ。パスタと前菜など、食事の予算は€25〜。

Via Marina di Corricella,14 Procida
081-8967479
12:30〜15:30、7・9月の土日曜・
8月12:30〜15:30、19:30〜22:30、
1・3・11・12月休
英語メニュー ○
MAP＊P.115

マッシモ・トロイージ、遺作の舞台

1994年制作の映画「イル・ポスティーノ（Il Postino）」は、ナポリ人俳優で、イタリアで絶大な人気を誇ったマッシモ・トロイージの最後の作品。この作品の撮影終了12時間後に、亡くなりました。ロケの多くはプロチダとシチリアのサリーナ島で撮影されています。マッシモ・トロイージ演じる主人公のマリオはチリから亡命してきた詩人のパブロ・ネルーダに郵便を届ける仕事を通し、彼と交流を深めますが、共産主義活動に傾倒し、命を落としてしまうというストーリー。彼が愛する女性ベアトリーチェの職場（現在はレストラン）はコリチェッラで、詩人と散歩するシーンはポッツォベッキオ・ビーチで撮影されました。映画に使われたスポットをめぐってみては？

撮影に使われたレストランの壁には、撮影当時の写真が壁に飾られています。

プロチダ名物の牛タン？

南イタリアのお菓子にしては甘さ控えめ。お菓子というより菓子パンです。

プロチダ島内の港付近のバールでよく見かけるのが、「牛タン」という名のお菓子、リングア・ディ・ブーエ（Lingua di Bue）。大きな牛の舌のような形をしているから、この名前がついたのかもしれません。サクサクとしたパイ生地にレモン風味のクリームを詰めたお菓子で、朝ごはんとしてよく食べられています。要はシンプルなカスタードクリーム入りパイなのですが、意外にあっさりした味わい。とくにおいしいつくり立てが並ぶのは朝方なので、プロチダ島に着いたらすぐ食べてほしい一品です。ちなみに「プロチダの舌」や「義母の舌」とも呼ばれているそうです。

アマルフィ海岸エリアの町

I paesi della Costiera Amalfitana e dintorni

独特の景観で世界を魅了するポジターノ。町は国道より低い位置にあります。ダ・コスタンティーノ（P136）からのながめ。

ヘアピンカーブと断崖絶壁が続く
ドラマチックな海岸線

　アマルフィ海岸は歴史的にも景観的にも世界有数の価値がある場所で、1997年にはユネスコの世界遺産に登録されています。ソレント半島西端のサレルノ湾側から、半島のつけ根にある町サレルノまで全長約50Kmに及ぶ海岸線は、起伏に富んだ断崖絶壁。ほとんど手を加えられず、海岸の地形をそのままいかしてつくられた国道163号線は、アマルフィ海岸の移動の要です。通称「レモン街道」や「アマルフィ・ドライブ」などと呼ばれ、沿岸を訪れる人たちに感動を与えてくれます。車は右側通行なので、ソレントからサレルノ方向に向かう際に、海側のレーンを走行することになります。カーブが続く非常にせまい道なので、レンタカーを運転する場合はかなりの注意が必要です。また、沿岸の町は車両規制がきびしく、中心部はどこもほとんどZTL（車輌進入禁止ゾーン）となっています。

　ソレントの丘を越え、サレルノ湾が見えてくると、間もなく世界遺産のアマルフィ海岸です。目の前にはポジターノの沖合に浮かぶガッリ島が見えるでしょう。3つの島で構成される岩礁群で、島を行き来する漁船を3人のきれいなセイレーン※が美しい声でおびき寄せ、座礁させていたという怖い伝説が残っています。ガッリを横目に見ながら先へ進むと、ポジターノが見えてきます。そして、プライアーノ、エメラルドの洞窟、アマルフィ、ミノーリ、マイオーリ、チェターラ、ヴィエトリ、サレルノと、本書では紹介しきれないほどいくつもの小さな町が点在します。カーブごとに目の前に飛び出す景色にドキドキして、飽きることがありません。

※下半身が魚、上半身が人間のギリシャ神話に登場する怪物

アマルフィ海岸エリアへのアクセス

ナポリから列車か船を使ってソレント経由で、あるいは列車を使ってサレノ経由でアプローチ。海岸線の合流地点はアマルフィです。

アマルフィ海岸を走る全長約50Kmの国道163号線の標識は、レモン柄。

バスで行く

SITA社が観光に便利な4路線のバスを通年で運行していて、アマルフィにバスターミナルがあります。夏は世界中から観光客が押し寄せるため、バスは常に満員で乗車できないこともしばしば。予約はできないので、希望のバスに乗るには早く行って並ぶしかありません。とくに始発以外は空席がないので、夏場は船の利用がおすすめ。シーズンオフの11〜3月は状況が落ち着きます。バスに乗車する際、チケットは車内で買えないので、事前に鉄道駅や町中のタバッキ（キオスク）、新聞スタンドで購入します。乗車したら打刻機で刻印を。刻印がないものは無効です。なお一日券はその日一日が有効で、24時間という意味ではありません。バス停のアナウンスは基本的にないので、途中下車する場合は、車窓から町の標識などを確認するか、まわりの人や運転手に聞きましょう。カーブが連続する道路なので、乗りもの酔いにご注意を。

❶ソレント➡ポジターノ➡プライアーノ➡エメラルドの洞窟➡アマルフィ（所要約1時間45分）
❷サレノ➡ヴィエトリ➡チェターラ➡マイオーリ➡ミノーリ➡アマルフィ（所要約1時間30分）
❸ナポリ➡ヴィエトリ➡チェターラ➡マイオーリ➡ミノーリ➡アマルフィ（所要約2時間30分）
❹アマルフィ➡ラヴェッロ➡スカーラ（所要約30分）

※❶、❷、❹は、冬季は1時間〜1時間30分に1便、夏季は増発します。
❸は1日4便でそのうち3便は午後発。ナポリのベベレッロ港そば、インマコラテッラ広場のバスターミナル（MAP★P.14 C-2）より午前9時発があります（日曜日は運休）

SITA社　www.sitasudtrasporti.it
◎時刻表の見方……上記サイトを開くと州を選ぶ画面が出てくるので、Campaniaを選択。Orari（時刻表）をクリックします

サレノ、ソレントからバスが集まるアマルフィのバスターミナル。

鉄道で行く

ナポリからソレントまでは、チルクムヴェスヴィアーナ鉄道が便利。ナポリ中央駅の地下にあるナポリ・ピアッツァ・ガリバルディ駅からソレント行きに乗り、約1時間15分。ナポリからサレノまでは、トレニタリアのレッジョナーレ（普通）で約40分。インターシティ（特急）やユーロスター（高速）だと30分弱到着します。ソレント、サレノとも、駅前にSITA社のアマルフィ行きのバス乗り場があります（チルクムヴェスヴィアーナ鉄道、トレニタリアについてはP.170も参照）。

アマルフィ海岸周辺MAP

船で行く

　毎年4〜10月の間、Travelmar社がサレルノ〜アマルフィ〜ポジターノ〜カプリ島路線の高速船を運航しています。真夏はチェターラ、ミノーリを経由する便も。本数は1日10本程度でとても便利です。サレルノ〜アマルフィは約40分、アマルフィ〜ポジターノは約30分、ポジターノ〜カプリ島は約45分で到着します。夏はさらに、NLG社がナポリ〜カプリ島〜ポジターノ〜アマルフィ間を、Lucibello社がカプリ島〜ポジターノ間を運航するので、4〜10月の好天の日は、ながめもいい船での移動がおすすめです。また、ナポリのベベレッロ港からソレントまで、高速船Alilauro社が1日3便運航しています。所要約40分。

Travelmar　www.travelmar.it
Lucibello　www.lucibello.it
※NLG社、Alilauro社のURLはP.170参照

船上からのながめは旅の楽しみのひとつ。夏の運航期間は積極的に利用しましょう。

Sorrento
ソレント

遠くから見ると、ソレントの町が崖の上に形成されているのがよくわかります。

切り立った断崖絶壁の上にある町

　ナポリからソレント行きのチルクムヴェスヴィアーナ鉄道に乗り、約1時間15分。カンツォーネ「帰れソレント」の作曲家ジャンバッティスタ・デ・クルティスの銅像が、駅のロータリーで迎えてくれます。銅像のそばには、アマルフィへ行く路線バスSITAの停留所があります。駅を出てコルソ・イタリア通り（Corso Italia）を左に5分ほど歩くと、メインスクエアのタッソー広場に到着。町の守護聖人、サン・アントニオ・アバーテの銅像をよそに、万国旗が並ぶ橋の上からツーリストが海をながめています。断崖絶壁を切り崩し、下の港と上の町をつなぐためにつくられたヘアピンカーブが続く道も望め、圧倒されます。橋の横にある小さな階段を下りると、港まで歩いて約10分。カプリ島やナポリへの高速船が出ています。

　コルソ・イタリア通りと並行に走る路地、サン・チェザレオ通り（Via San Cesareo）が旧市街のメインストリートで、おみやげ店やレストラン、カフェなどが立ち並びにぎやかな雰囲気。冬場も開いているお店が多いので、シーズンオフにアマルフィ海岸エリアを旅する際はとくに、ソレントに立ち寄ることをおすすめします。

この町を去る女性への恋心を歌った「帰れソレントへ」の作曲者、ジャンバッティスタ・デ・クルティス。

Sorrento

万国旗が目印のタッソー広場を中心に街歩きを楽しんで。

1／昔からレモンの産地としても知られ、ソレントのレモンはイタリアのIGP認証を受けています。　2／旧市街地の路地からは見た大聖堂の鐘楼。　3／約50mの高低差を結ぶヘアピンカーブの道にびっくり。

海沿いに建つホテル、ベルビュー・シレーネのテラスからのながめ。美しい夕景も望めます。

ソレントMAP

1／内部出入り口の扉は、初代司教のサン・レナートなどのエピソードが描かれています。 2／中央の天井絵は、1700年頃にソレントの初代殉教者を描いたもの。 3／大きなジオラマのなかに人形でつくられた世界「プレセーペ」。

Cattedrale

大聖堂

寄木細工によるキリストの磔刑

　もともと山奥の聖レナートのベネディクト修道院にあった教会が10世紀頃町の中心部に移され、1113年に大聖堂になりました。1558年にはトルコ人によって破壊されてしまいますが、その後、再建されました。教会は、ソレントの伝統工芸である寄木細工の装飾が多く、内部の中央扉や柱にはキリストの受難と磔刑を描いた14枚のパネルがあります。入ってすぐ左には、イエスキリストの生誕を人形とジオラマで表現した大きなプレセーペがあります。ベツレヘムの馬小屋で生まれたイエスや、当時の町に暮らす人々の様子など、見ていて飽きません。

Via Santa Maria della Pietà,44
Sorrento
081-8782248
www.cattedralesorrento.it
8:00～12:30、16:30～20:30、無休
※ミサ中は観光客の入場不可
■無料
MAP＊P.125

Villa Comunale
市民公園

ヴェスヴィオとナポリ湾を一望！

　タッソー広場から徒歩約10分。公園の門の手前にサン・フランチェスコ教会があり、回廊を併設しています。見学は自由なので、開いていればのぞいてみるのもいいでしょう。市民公園内は手入れが行き届いた植物が生い茂り、静かでリラックスできる場所です。カフェでお茶を飲みながら、のんびり過ごすのもおすすめです。園内にある広々とした展望台からは断崖絶壁の海岸線を見ることができ、眼下には、世界49か国の美しい海に与えられている国際的な称号"Bandiera Blu"を持つソレントのビーチが広がっています。夏の間は海水浴も可能で、公園内入ってすぐ左手にあるエレベーターでビーチまで下りることができます。

教会の横には14世紀に凝灰岩でつくられた柱が続く、美しい回廊があります。

1／展望台からは180度見渡すことができ、正面にヴェスヴィオ火山とナポリの町を望めます。　2／展望台エリアにカフェがあります。園内には公衆トイレも。　3／崖の上にある展望台は海抜約50m。真下はすぐ海！

Via San Francesco Sorrento
1～3・11・12月 7:30～19:30、
6～9月7:30～翌1:00、4・10月7:30～22:30、
5月7:30～24:00、無休　　無料
MAP＊P.125

A.Stinga

ア・ステインガ

ソレントならではの伝統工芸

1800年中頃から続くソレントの伝統工芸「寄木細工」は、ナポリのブルボン王朝にも愛され、王宮内の家具装飾にも使われました。3世代にわたり木工細工を続ける家族経営のお店で、オルゴールやトレイ、家具など、すべて手づくりしています。

Piazza F.S.Gargiulo,11/13 Sorrento
081-8784286
4~10月10:00~13:00、16:00~19:30、
1~3・11・12月10:00~13:00、14:00~16:30
（ただし早じまいもあり）、1月1日・12月25日休
MAP＊P.125

1／小物箱はサイズにもよりますが、小さなものは€60~。オルゴールタイプもあります。　2／ショップ内に作業スペースが。糸ノコでパーツを切り取る作業を行っていました。

1／ほしくなること間違いなしのエスプレッソ用デミタスカップ2個とトレイのセット€44。　2／サラダボール用のスプーンとフォークのセット€24。

Sorrento è

ソレント・エ

レモン柄陶器が圧巻の品ぞろえ

おみやげ店が軒を連ねる旧市街地の中心に位置する陶器専門ショップ。アマルフィ海岸らしいレモン柄のアイテムを探したいならぜひ。ちょっとしたおみやげにぴったりなマグネットや小さな置物などもあり、とにかく種類が豊富です。オリーブやトマト柄など料理が楽しくなるようなお皿類も。

Via Fuoro,12 Sorrento
081-8781128
sorrentoshop.com/en/
4・5・10~12月10:00~20:00（ただし冬季は早じまいもあり）、6~9月10:00~22:00、1~3月休
MAP＊P.125

David

ダビッド

甘いもの好きならGO！

　ソレント駅前のロータリーからすぐの場所にあり、列車やバスの待ち時間にふらりと立ち寄りやすいジェラート屋です。1930年代から家族経営でお店をはじめ、今では地元の人気店に。ワッフルや季節によってグラニータ（かき氷）、ヨーグルトなどもあり、店内で座って食べることもできます。

1／夏の間登場するグラニータ€3。アーモンド味がとくにおいしい。 2／冬でも20種類、夏はそれ以上のジェラートがずらりと並びます。おすすめはフルーツ系。

Sorrento

Via Marziale,19 Sorrento
081-8073649
www.gelateriadavidsorrento.it/en/
1〜5・10〜12月9:00〜22:00（ただし冬季は早じまいもあり）、6〜9月9:00〜翌1:00、無休
英語メニュー ○
MAP＊P.125

1／アサリのダシがしみておいしい。予算はパスタ1品と前菜でひとり€40〜。 2／昔からソレントやカプリで食べられてきた一品。トーストしたパンにトマトソースをひたして食べます。 3／夏は海の間近で食事を楽しめます。

Porta Marina

ポルタ・マリーナ

漁師ファミリーのお店

　シーフードレストランが集まるマリーナ・グランデにあり、こぢんまりとしたカジュアルなお店。1916年から代々漁師一家が経営しているとあって、毎朝仕入れる素材のよさは折り紙つき。ボンゴレのパスタはアサリの量にびっくり！ 郷土料理のイカとジャガイモの煮込みは、ピリ辛でオレガノの風味が◎。夏季は予約必須。

Via Marina Grande,64 Sorrento
349-9754761
12:00〜22:30、1〜3・11・12月休
（ただし一部営業する日もあり）
英語メニュー ○
MAP＊P.125

Agriturismo Torre Cangiani

アグリツーリズモ・トーレ・カンジャーニ

カプリ島が目の前に！ オリーブ農家の宿

　アグリツーリズモは農家が所有する大きな敷地に宿泊して自然と食事を満喫できるので、週末を過ごす家族やカップルで近年人気が急上昇。イタリア政府が決めた細かな基準があり、その農家で生産しているものを食事で提供しなくてはなりません。こちらはソレントから車で約15分の小高い丘に広がる町マッサ・ルブレンセにある、歴史的な建物を改築したアグリツーリズモ。カプリ島が目の前にドーンと見えるロケーションにあります。BIO（有機農法）で育てたオリーブで、オイルを生産する農家です。収穫期にはネットが張られますが、基本はすべて手摘みで収穫され、その日のうちにコールドプレスで搾油されるバランスの取れたオイルが評判です。客室は1500年代の建物をリノベーションし、上品なアンティーク家具がおかれています。夕食はリクエストすれば予約可能で、朝食はパンとカプチーノのシンプルなヨーロピアンタイプです。

キッチンからのながめがそのままオリーブオイルのボトルのラベルに。

オーナー一家のカンジャーニさん。人柄のよさが笑顔ににじみ出ています。

秋が深まり、急に温度が下がりはじめたら、一斉にオリーブの収穫をはじめます。

Sorrento

アグリツーリズモのテラスからカプリ島がこんなに大きく見えます。カプリ島まで直線で約14Km。

3／1500年代に、ナポリ湾に入る船を見張っていた歴史を持つ見張りの塔を改装して宿に。　4／敷地内には常に季節の花が咲いてとてもきれいです。

1／オリーブ畑も見えるリブレリア（本棚）ルームは、エレガントで趣味のよさを感じます。　2／海の見えるテラスで、シンプルなヨーロピアンスタイルの朝食をどうぞ。

Via Partenope,40 Massa Luburense
081-5327825
www.torrecangiani.com
€ 1室€110〜、朝食つき（2泊から予約可能）
全6室
※1〜3・12月は月〜金・日曜のみ宿泊可。12月24・25日は休業する年もあるので問い合わせを
MAP＊P.125（MAP外）

Positano
ポジターノ

おすすめの散歩道、クリストーフォロ・コロンボ通りからは素敵な写真が撮れます。

世界中を魅了するかわいい景観

　ソレントからSITA社のバスで約45分。アマルフィ海岸独特のくねくね道がはじまって間もなく、ポジターノに到着します。ポジターノには大きなバス停がふたつあり、最初に停まるのがChiesa Nuova。ここで降りるとビーチまで約2.5Km歩くことになるので、時間がない時はその先のバス停Spondaで下車しましょう。美し景色を望めるクリストーフォロ・コロンボ通り（Via Cristoforo Colombo）を5分ほど歩いて下るとムリーニ広場があり、左に折れるとその先は歩行者天国エリアです。

　おみやげ店やレストランが並ぶ下り坂の一本道を歩いていくと、その先にサンタ・マリア・アッスンタ教会があります。さらに階段を下りると、やっとビーチに到着。波打ち際まで行って、ふりかえって町を見てください。海から丘に向かってだんだんに建てられた小さな家々は、パステルカラーでカラフル、そして全く隙間がありません。まるで箱庭のような、世界有数の素敵なながめです。夏のバカンスシーズンは路地から人があふれかえり、町は大混雑します。一方、シーズオフの11〜4月はじめはショップやレストラン、ホテルのほとんどがクローズします。

夏はカプリ島やサレルノからの高速船が発着するポジターノのふ頭。

Positano

1／ポジターノのメインビーチ、Spiaggia Grande。　2／ポジターノに多いブーゲンビリアの花は、6月頃が満開です。　3／アマルフィ海岸エリアらしい、カラフルな柄の雑貨を並べるお店。　4／サンタ・マリア・アッスンタ教会内には、杉の木に描かれたビザンチン様式の聖母子像が。

ポジターノMAP

「蜂やレモン、ラインストーンなどパーツは多種あります」と、2代目のジャンルーカさん。

1／階段沿いにあるこぢんまりしたお店。革紐のみのデザインは1足€60〜。　2／鼻緒タイプのビーチサンダル（Infraditi）がここポジターノで人気。

Safari
サファリ

創業1955年、色あせない老舗のサンダル

　ビーチへ下りる階段の途中にある小さな間口のお店で、入り口にサンダルがずらりと並んでいます。もともとは世界中のセレブたちがアマルフィ海岸を訪れた際、着てきたものを脱ぎ、すぐ履けるこの土地に適したサンダルとして人気が出ました。トレンドに合わせ、飾りのラインストーンや革の色などのラインアップを変えています。7、8種ある高さや形が異なるヒール、革の色やデザインなどを選ぶと、約1日で仕上げてくれます。店内にあるモデルとほぼ同じものなら、その場で紐の長さや金具を調整してくれますが、時間がない場合は購入前に所要時間を確認しましょう。

Via della Tartana,2 Positano
089-811440
www.safaripositano.com
6〜9月9:30〜21:00、
4・5・10月10:00〜18:00、
3月不定期営業、1・2・11・12月休
MAP＊P.133

Profumi di Positano
プロフーミ・ディ・ポジターノ

3代目のオーナーのジェンナーロさんも石鹸をつくっています。

おみやげに最適なハンドメイドの石鹸

　ポジターノの素敵な坂道、クリストーフォロ・コロンボ通りで絶景写真を撮った後、気軽に訪ねてほしいハンドメイドの香水とコスメのショップです。1922年から石鹸づくりを行ってきたバルバ家がすべての製品を手掛けていて、香りだけでなくクオリティも◎。レモンやオリーブ、レモンとバジルとギンバイカ(銀梅花)のミックス、イチジクなど地中海らしい香りの石鹸とハンドクリームが私のおすすめです。香りつきシャワージェル、ボディローション、オードトワレ各30ml€16.50は10種類の香りから選べます。ちなみにツーリストのいちばん人気は、やっぱりレモンの香りだそう。

1／石鹸€4.50、ハンドクリーム€5.50とお手頃価格でおみやげにもぴったり。
2／ブドウとザクロの香りの抗菌ジェル(アルコール濃度70%)などもあります。

Via Crisrofolo Colombo,175 Positano
089-875057
www.profumidipositano.it
6〜9月10:30〜21:00(早じまいもあり)、
4・5・10・11月1・2日10:00〜13:00、
16:00〜18:00、1・2・3・11月3日〜12月休
MAP＊P.133

Lemon Slush
レモン・スラッシュ

手づくりのグラニータ

　歩行者天国がはじまるポジターノの町の入り口、ムリーニ広場のブティック横にいつも出ているグラニータ（かき氷）の移動販売店。アマルフィ産のレモンと砂糖、氷を使っています。グラニータははどこのレストランやカフェでもメニューにありますが、こちらは毎日手づくりしています。カップ1杯€3.50です。

1／アマルフィ海岸エリアのとれたてレモンを使い、毎朝手づくりしているそう。　2／ほどよい酸味があり、さっぱりさわやかな味わい。夏の熱中症対策にも◎。

Piazza Mulini Positano
（ブティックAntica Sartoriaの隣）
9:30～20:00頃、1～4・11・12月不定期営業（早じまいもあり）
英語メニュー ○
MAP＊P.133

Da Costantino
ダ・コスタンティーノ

昔ながらの家庭料理を

　今や希少な、伝統的家庭料理を提供するレストラン。さらに絶景も楽しめます。ポジターノの町はずれ、モンテペルトゥーゾ地区へ行く坂道沿いにあります。夏なら季節の野菜の盛り合わせ、魚介のシャラテッリ（手打ちパスタ）、自家製のドルチェがおすすめ。ポジターノの町と海を眼下に望む窓側席は予約必須です。

1／手打パスタのシャラテッリは、もちっとしてうどんに似た食感。　2／しっかり冷えた洋ナシとリコッタチーズのケーキは別腹！　3／ポジターノを一望できる、家族経営のレストラン。予算はパスタと前菜でひとり€40～。

Via Corvo,95 Positano
089-875738　www.dacostantino.net
12:30～15:00、18:30～22:30、水曜休
1～4・11・12月不定期営業
英語メニュー ○
MAP＊P.133

1／前菜とパスタでひとり€45〜。ロケーション抜群です。　2／パッケリという形のパスタはシーフードによく使われます。　3／タコのグリルは白インゲン豆のピューレがアクセント。

Lo Guarracino
ロ・グアラチーノ

絶景を見ながらシーフードを堪能

　ポジターノの中心地から少し離れ、海を正面に見て、右手の港の上の小道を歩くこと約5分で到着。この道から望むポジターノの海の青さも必見です。少し先に円柱型の塔とたくさんのビーチパラソルがあざやかなフォルニッロ・ビーチがありますが、レストランはその手前です。小さな看板のある階段を上がってなかへ。日替わりシーフードメニューは黒板にイタリア語で書かれていることが多いのですが、お店の人にたずねれば英語で説明してくれます。定番のシーフードメニューもおすすめで、ほかに窯焼きピッツァもあります。

Via Positanesi d'America,12
Positano
089-875794
www.loguarracinopositano.it
12:00〜15:00、19:00〜22:30、
月曜休・1〜5・11〜12月不定期営業
英語メニュー　○
MAP＊P.133

Palazzo Murat

パラッツオ・ムラット

ナポリ王も滞在した歴史あるホテル

　ムリーニ広場から徒歩約3分のラグジュアリーホテル。にぎやかなムリーニ通り沿いにありながらも壁に囲まれた敷地内は静かで、優雅な雰囲気が漂います。1808年、ナポレオンの義理の弟でナポリを統治していたジョアシャン・ミュラが、夏のバカンスをこちら（現旧館のスペシャルデラックスルーム）で過ごしました。ホテルは新館と旧館に分かれていて、旧館の5室のみに1800年当時の歴史的装飾が残っています。中庭は素敵な空間でお茶も楽しめ、レストランやプールもあり、サンタ・マリア・アッスンタ教会の屋根も望める素晴らしいロケーションです。

広々とした中庭にはバールコーナーやレストランが。

1／緑あふれる中庭のプール。ポジターノのシンボルである教会の屋根もしっかり見えます。　2／新館のスーペリオールームは、アンティーク家具を配したヨーロピアン調の優雅な内装。

Via dei Mulini, 23 Positano
089-875177
www.palazzomurat.it
1室€500〜、朝食つき
全36室
※1〜4月中旬・11・12月休業
MAP＊P.133

漁師が発見したエメラルドの洞窟へ

ポジターノとアマルフィの間にある町、コンカ・デイ・マリーニ（海の盆地の意）にエメラルドの洞窟があります。ポジターノまたはアマルフィから、SITA社のバスで約20分。バス停のある国道163号線からエレベーターで一気に海まで下り、停泊しているボートに乗り洞窟へ。

エメラルドの洞窟は1932年、地元の漁師によって偶然発見されました。カプリ島の青の洞窟よりやや広く、ドーム型の天井を持つ鍾乳石の洞窟です。奥に進むと海底トンネルがあり、そこからもたらされる太陽光で、文字通りエメラルドに光り輝く場所があります。船頭さんが櫂で海面を叩くと、見事なエメラルド色の水しぶきが！ 最後に海底に沈む赤子のイエス像を見てツアーは終了。ちなみにこの像は、洞窟の発見を記念してイタリアの国営放送局が寄贈し、沈めたものです。天候によっては洞窟に入れないこともあるのでご注意を。

1／洞窟内は高さ24m、奥行き60mと広く、鍾乳石の形がおもしろい。 2／洞窟はこの小さな入り江の真下に広がっています。

静止した状態は青く、船頭さんが水しぶきを立てると、エメラルド色に見えます。

Grotta dello Smeraldo
エメラルドの洞窟

Via Principe Amedeo,52
Conca dei Marini
9:00～16:00（天候、人出によって早じまいもあり）
■ €7
MAP＊P.123
access ポジターノまたはアマルフィからSITA社のバスで約20分、Conca dei Marini（Grotta dello Smeraldo）下車

Amalfi
アマルフィ

11世紀、ピサ、ジェノバ、ベネチアと並び四大海洋共和国として繁栄したアマルフィ。

海洋共和国がもたらした繁栄

　アマルフィの町を散策する前に、海に突き出た埠頭の最先端に行ってみてください。海から町の全景が見渡せます。すり鉢状の小さな町の東と西には修道院（現在はリゾートホテル）が建ち、中世、アマルフィ共和国時代の富をうかがい知ることができます。羅針盤を使って航海術を発展させたフラビオ・ジョイアの像が立つ海沿いの広場に、バスターミナルがあります。SITA社の路線バスが、サレルノ、ソレントからの便を運行しています。丘の上の町ラヴェッロへのバスもここが始発です（サレルノ、ソレント行きと少し離れた場所から発車）。夏季のみ、アマルフィとサレルノ、カプリ島をつなぐ高速船も運航。フラビオ・ジョイア広場から道路を渡るとすぐ、大聖堂広場に出ます。この広場からのびるロレンツォ・ダマルフィ通り（Via Lorenzo d'Amalfi）沿いに、ショップやレストランが集中しています。2kmほど先には、背後のムリーニ渓谷の湧水で水車を使い、木綿で紙をつくっていた紙の歴史博物館があります。1400年頃、製紙技術がイタリアではじめてアマルフィに伝わりました。

ソレント、サレルノからのバスが集まるフラビオ・ジョイア広場。

Amalfi

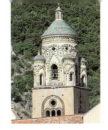

1180年から約100年かけて
完成した大聖堂の鐘楼は、
アーチを交差させたイスラ
ム様式装飾。

1／いつも人でにぎわうロレン
ツォ・ダマルフィ通り。　2／絵
タイルには、海洋術にすぐれて
いたアマルフィ共和国の人たち
が交易へ出かけていた場所が
描かれています。

海に突き出たふ頭の先端は、アマルフィ全景
を撮れる写真スポットです。

アマルフィMAP

1／正面ファサードは、1891年の修復時にモザイクのビザンチン様式になりました。　2／62段の石段を上った先にあらわれるブロンズの中央扉。　3／1208年に聖アンドレアの聖遺物が納められた地下礼拝堂。

Duomo e Chiostro di Paradiso
大聖堂と天国の回廊

イスラム香る、海洋共和国時代の華

　7回に及ぶ改修で姿が変わりましたが、鐘楼は1276年の完成当時の面影が一部残っています。黄色と緑のマヨルカ焼きのタイルのアーチで飾られ、上部の4つの塔はイスラム様式。階段を上ると大聖堂の正面扉があります。1060年にコンスタンティノープルで鋳造されたブロンズ扉で、アマルフィの守護聖人アンドレア、兄のピエトロ、マリア、イエスの4人が描かれています。正面左手には天国の回廊の入り口があります。真っ白な柱が並び、アマルフィ貴族の墓地として使用されていました。回廊の横には旧聖堂（Basilica del Crocifisso）があり、現在は博物館になっています。

2本ひと組60本、計120本の柱で飾られた美しい天国の回廊。

Piazza Duomo,1 Amalfi
089-871324
museodiocesanoamalfi.it/app/it/il-chiostro-del-paradiso/
1・2・11・12月10:00〜13:00、14:30〜16:30、
3〜6・10月9:00〜18:30、
7〜9月9:00〜19:30、無休
■€4
MAP＊P.141

Karta

カルタ

伝統のアマルフィ紙に個性をプラス

　アマルフィはその昔、紙の名産地で、数多くの手すき紙の工房がありましたが、現在はアマトルーダ社1軒だけになりました。そのアマトルーダのアマルフィ紙を扱うお店。伝統的な手すきのアマルフィ紙に少しアレンジを加え、エレガントな透かしの入ったカードや素敵なオリジナルのノートブックなどの商品が並びます。「伝統的なアマルフィペーパーに、レトロなファッション雑誌をデコパージュしたんです」とオーナーのパオラさん。店内の装飾にも、彼女の大好きな60年代のファッションのエッセンスを感じます。ほかのアマルフィ紙のお店で経験を積み、2020年に自分のお店をオープンしました。

ノートの製本作業も、すべて昔の道具を使って行います。

1／地元では結婚式の案内や出産の報告など、特別な時に使われているアマルフィ紙。　2／モード雑誌のページを切り貼りしてデコレーションしたもので、すべて一点ものです。

Largo Cesareo Console,8 Amalfi
www.instagram.com/karta.handmade/
9:30〜20:00、1・2月9:30〜13:00、日曜・祝日休
MAP＊P.141

1／右が伝統的なリモンチェッロ、左がクリームタイプ。ボトルの種類も豊富でどれも素敵なデザイン。　2／店舗内左奥がリモンチェッロ製造所。毎日新鮮なレモンを使って手づくりされています。3／ハンド、ボディ、フェイシャル用のクリーム類など、レモンの香りのアイテムも充実。

Antichi Sapori d'Amalfi
アンティキ・サポーリ・ダマルフィ

レモンを使った製品ならおまかせ！

　レモンの食後酒リモンチェッロは、この地域を代表する食後酒で人気のおみやげ品のひとつ。このお店の工房では大量生産せず、限られた量をつくり、販売しています。黄色いリモンチェッロはアルコール度数が33％もあるので、がぶがぶ飲まず、食後にキンキンに冷やしたものをほんのひと口いただきます。ハイアルコールが苦手という人には、クリームタイプのリモンチェッロがおすすめ。アルコール度数は22％程度で、飲みやすいです。かわいいボトルはおみやげにもぴったり。ほかにもレモンの香りの石鹸やスキンケア製品、レモン風味のオリーブオイルなど、思わずほしくなるものがそろっています。

アルコールにレモンの皮を浸すと、レモンの色がアルコールに浸透します。果汁は使用しません。

Supportico Gaetano Afeltra, 4 Amalfi
089-872303
www.antichisaporidamalfi.it
1・3・5・11・12月10:00〜13:30、16:00〜20:00、
9・10月10:00〜21:00、
6〜8月10:00〜22:00、2月休
MAP＊P.141

Pansa
パンサ

創業約200年のカフェで地元のお菓子を

　大聖堂の階段のすぐ横にあるアマルフィを代表するカフェ。町のど真ん中にあり、一見ツーリスト向けのカフェのようですが、地元きっての歴史深いお店です。店内のショーケースにはアマルフィ海岸エリアやナポリを代表するお菓子がずらりと並び、ワクワクさせてくれます。貝殻のような形で、何層も重なったパイ生地の上にカスタードクリームとチェリーがのったサンタローザ（Santarosa）は、アマルフィ海岸の修道院がルーツとされ、ナポリのスフォリアテッラの原型といわれています。また、チョコレートにも定評があり、チョコレート専門店の別館もあります。

アマルフィ海岸産のレモンやオレンジピールのチョコレートがけが人気。濃いエスプレッソにぴったり。

1600年代、安く手に入ったセモリナ粉で修道女がつくったサンタローザ。

多くの人でにぎわう大聖堂広場をながめながら、ひと息つきましょう。

Piazza Duomo,40 Amalfi
089-871065
www.pasticceriapansa.it
8:00〜22:00、2月休
英語メニュー ○
MAP＊P.141

1／シャラテッリのペスカトーラ。フライパンのままサーブされ、ダイナミック。　2／タコのフリットに白豆のピューレ、黒オリーブ、濃厚なドライトマトがアクセントに。

La Taverna del Duca
ラ・タベルナ・デル・ドゥーカ

手打ちパスタのシャラテッリを

　メニューには肉料理も並んでいますが、やっぱりシーフードがおすすめです。魚介とあわせてよく使われるパスタといえば、カンパニア州の伝統的な手打ち麺シャラテッリ。少しうどんに似た食感で、もちっとしています。もうひとつがパッケリと呼ばれる極太マカロニで、ゆでるとぺたんとなり穴の部分がふさがれ、しっかりしたアルデンテが楽しめます。ほかにモッツァレラチーズとトマト、タコのフリットなど、カンパニア州ならではの伝統料理をいろいろ楽しめ、日本人の口にも合います。大聖堂広場からメインストリート沿いを歩いて約5分と、アクセスしやすい場所にあります。

予算は前菜と魚介のプリモ・ピアットで€40～。

Piazza Spirito Santo,26 Amalfi
089-872755
www.facebook.com/
ristorantelatavernadelduca
12:00～23:00、木曜・1・2月休
英語メニュー　○
MAP＊P.141

Da Ciccio
ダ・チッチョ

名物のカルトッチョを召し上がれ

　アマルフィの中心部から、3kmほど離れた場所にあるレストラン。町中の喧騒を避け、ゆっくり海を見ながら食事を楽しみたい人におすすめです。家族経営のお店ですが、料理に使う野菜を自分たちの菜園で育てるほどのこだわりが。メニューはやはりシーフードがおすすめで、アマルフィ海岸エリアの伝統的な料理を少し現代風にアレンジしています。名物は、知る人ぞ知る、この地域に昔から伝わる調理法、スパゲッティのカルトッチョ（Spaghetti al Cartoccio）。カルトッチョは紙包み焼きのことで、最後にオーブンで加熱することで、麺のなかに味がよりしみ込み、風味豊かになります。

1／地元の食材を使った創作料理も。予算は前菜とプリモ・ピアットで€60〜。　2／加熱具合が絶妙な貝類、エビ、イカが混ざったシーフードサラダ。

3／巨大な風船のような紙包みが運ばれ、割られると、香りがはじけるカルトッチョ。　4／カルトッチョのパスタは取り分けてくれます。アサリにオリーブやトマト、ケーパーそれぞれの香りが楽しめます。

Via G. Augustariccio, 21 Amalfi
089-831265
www.ristorantedaciccio.com
12:30〜15:00、19:30〜22:30、
4・5・10月 月水〜金曜19:30〜22:30、
火曜・1〜3・11・12月休
英語メニュー ○
MAP＊P.141（MAP外）
※夕食予約時にお願いすれば、フラビオ・ジョイア広場まで送迎してくれます

1／道路上には小さな看板と入り口だけがあり、崖下に建物が立っています。　**2**／客室は白壁で、床にはテラコッタのタイルが張られていて、清潔で広々としています。　**3**／海岸線が180度見渡せるレモンツリーのテラスで、朝食を。

B&B Ercole di Amalfi

エルコレ・ディ・アマルフィ

楽園のカギは3つだけ──

　アマルフィからフローレ（Frore）方面へ約20分上っていくと、景色ががらりと変わり、ブドウやレモンの緑豊かな畑の奥に紺碧の海が見下ろせます。2014年に芸術家のレッロさんが立ち上げたB&Bで、家族のマリアグラッツィアとバレンティーナさんが受付を担当。楽園のような絶景を楽しめ、敷地内には昔ながらのアマルフィの雰囲気が漂います。客室は3部屋のみで、すべてシービュー。家具類は木を基調としたシンプルなもので手入れが行き届いています。夏は庭のレモン棚のテラスで、カフェラテとパンなどのヨーロピアンタイプの朝食を。いつまでも滞在していたくなる宿です。

Via Giovanni d'Amalfi,29 Amalfi
089-2595114
www.ercolediamalfi.it
💶 1室€90〜、朝食つき
（2泊から予約可能）
🛏 全3室
※1〜3月下旬、11月初旬〜12月休業
MAP＊P.141（MAP外）

Hotel Marina Riviera
ホテル・マリーナ・リビエラ

部屋の一つひとつがこだわりの内装

「ゲストが求めているもの、社会が求めているものを提供していきたいですね」と、支配人のラッファエッレさん。客室数を減らして、それぞれの部屋をより広くし、バスタブを増設するリニューアル工事を2019年に行いました。また、環境に配慮してプラスチック削減も可能な限り行っています。部屋のカテゴリーは4つで、デラックス以上の部屋にはバルコニーまたはテラスとバスタブがついています。館内や客室は茶、黒と白を基調とした幾何学模様のヴィエトリタイルで装飾されとっても素敵な内装です。コンチネンタル形式の朝食は、アマルフィの町が一望できる広々としたテラスでいただけます。大聖堂広場から徒歩約5分でとても便利。

1／ヴィエトリタイルが印象的なバスルーム。客室内のアメニティもプラスチック削減を目指しているそう。　2／朝食はシリアルやフルーツ、卵、ハム類など充実のビュッフェスタイル。

3／バスタブ、バルコニーつきのデラックスルームからはアマルフィの港が見えます。
4／プールやレストランなど、充実したホテルライフが楽しめる設備がそろっています。

Via Pantaleone Comite,19 Amalfi
089-871104
www.marinariviera.it
1室€320〜、朝食つき
全34室
※1〜3月下旬、11月初旬〜12月休業
MAP＊P.141

Ravello
ラヴェッロ

広々とした大聖堂広場にはカフェや、向かいの斜面に広がるスカーラの町を望める展望台が。

アマルフィ海岸を見渡す高台の町

　アマルフィのバスターミナルを出発し、SITA社のバスで海沿いの国道163号線を走り、やがて左に折れ、レモン畑を横目にぐんぐん坂を上がっていきます。約30分で、海抜365mの町ラヴェッロに到着します。ラヴェッロは細い路地が続き、車は町の入り口までしか入ることができません。大聖堂のある広場が町の中心で、カフェが数軒あります。通年見学できる美しいふたつの庭園が見どころで、広場から向かう道の途中には、素敵なブティックやカフェ、ショップが並んでいます。

　1081年、ラヴェッロはアマルフィ共和国の統治下に入ったものの、1086年にアマルフィの大司教区から分離し、ラヴェッロ独自の司教区が生まれました。1137年のピサの攻撃で町は破壊され、以降多くの有力貴族がラヴェッロを離れ人口が減り、衰退していきます。1880年には、音楽家のワーグナーがルフォロ荘に滞在しました。オペラ「パルジファル」の第2幕、花の乙女が舞う、幻想的なクリングゾル（魔法使い）の魔の城のイメージを得たといわれています。以降、毎年夏の間はルフォロ荘で音楽祭ラヴェッロ・フェスティバルが行われ、美しい音楽の町としても知られています。

マッラ通り（Via della Marra）には中世の建物の遺構が残っています。

Ravello

1／ぜひ訪れてほしい場所のひとつ、チンブローネ荘にある「無限のテラス」からの景色。　2／作家ボッカッチョの物語集「デカメロン」に描かれたランドルフォ・ルフォロの屋敷だった、ルフォロ荘。

アマルフィ海岸のほかの町と違い、緑豊かで落ち着いた雰囲気の大人の町。

ラヴェッロMAP

- Baffone バッフォーネ [P.156]
- Caffè Calce カフェ・カルチェ [P.156]
- Caffè Calce カフェ・カルチェ [P.156]
- Duomo 大聖堂 [P.154]
- Ceramiche d'Arte Carmela チェラミケ・ダルテ・カルメラ [P.155]
- Santa Maria delle Grazie サンタ・マリア・デッレ・グラッツィエ教会
- Hotel Rufolo ホテル・ルフォロ
- Villa Rufolo ルフォロ荘 [P.152]
- Ristorante Sigilgaida リストランテ・シジルガイダ [P.157]
- Villa Cimbrone チンブローネ荘 [P.153]
- Terrazza dell'Infinito 無限のテラス

町の再興に貢献した、ワーグナーの名前がついた美しい階段の道。

細い路地のローマ通り（Via Roma）にもおみやげ店が続きます。

1／オペラ「パルジファル」第2幕、クリングゾルの魔法の庭園のヒントになったながめ。　2／1200年代のアラブ様式のエキゾチックな雰囲気が美しい回廊。　3／ルフォロ荘入り口。大聖堂広場の横にあります。

Villa Rufolo
ルフォロ荘

音楽の町ラヴェッロを代表する庭園

　1200年代、ラヴェッロのルフォロ家は裕福な貴族で、一家はこの町に多くの建物をつくりました。1800年代半ば、スコットランド人のフランシス・ネヴィル・レイドが残された建物を少しずつ修復し、庭園をつくりました。チケット売り場の奥にはグレーと白のアラベスク模様を彷彿させる回廊があり、その先に高さ30mのマッジョーレ塔、そしてテラスがあります。テラスから見える起伏に富んだ海岸線の景色も含め、ルフォロ荘は音楽家ワーグナーの心をつかみ、作曲へのインスピレーションを与えました。眼下に見える笠松とサンタ・マリア・デッレ・グラッツィエ教会の「双子の屋根」は、ラヴェッロのシンボルとして知られています。

モスクのようなドーム屋根も、アラブ文化の名残といわれています。

Piazza Duomo Ravello
089-857621
villarufolo.com
9:00〜19:00、無休
€8
MAP＊P.151

Ravello

テラス中央、崖に突き出した部分にある無限のテラスから海を見ると、まるで鳥になったような気分に！

1／グレタ・ガルボと恋人の指揮者、レオポルドが秘密裏に訪れたことを記したプレート。
2／夏の間は木陰の下、オープンエアでゆっくりお茶が楽しめるカフェがオープンします。

Villa Cimbrone
チンブローネ荘

女優グレタ・ガルボが恋人と隠れた庭園

　大聖堂広場からアップダウンのある道を15分ほど歩きますが、天気のいい日にぜひ訪ねてほしい庭園です。1904年、イギリス人のアーネスト・ウィリアム・ベッケットがこの広大な土地の所有者となり、放置されていた新古典主義やゴシック様式の建物を修復して、自然なイギリス式と規則性の強いイタリア式を融合させた庭園を整備しました。現在5ツ星ホテルになっている建物に、往年の映画女優グレタ・ガルボが滞在した記録も。チケット売り場正面から続く一本道は季節の花に彩られ、大理石の胸像群が並ぶ「無限のテラス」へ続きます。眼下に広がるレモン畑とコバルトブルーの海は、写真を撮らずにいられないでしょう。

入り口横にある回廊。瓦は中世のルカ・デッラ・ロッビアの作品。

Via Santa Chiara,26 Ravello
089-857459
www.hotelvillacimbrone.com/villa-cimbrone/
9:00〜18:30、無休
€10
MAP＊P.151

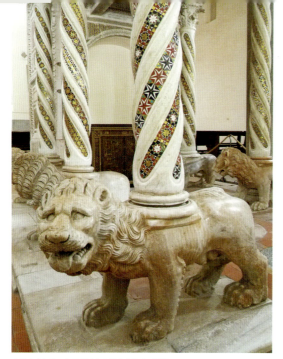

金泊をあしらったモザイクの柱を支える、愛嬌
たっぷりのライオンがかわいい説教台。

1／大聖堂は1914年、国の文化財に登録され
ました。　2／預言者が海の怪物に飲み込ま
れ、3日3晩祈る旧約聖書のエピソードが描か
れています。

Duomo
大聖堂

美しくておもしろいモザイク説教壇

　1086年につくられた大聖堂で、中央扉は1179年に、コンスタンティノープルでバリサーノ・ダ・トラニによってつくられたブロンズ製です。元々ロマネスク様式で建てられましたが、1786年の地震後に再建された際、バロック様式に。近年の修復で、一部ロマネスク様式に戻りました。見どころは、内部にある向かい合ったふたつの説教壇。右の6匹のライオンが支える柱の上に建つ説教壇は1272年につくられたもので、美しい法典を持つ鷲が掲げられています。向かいの台形型の説教壇は、預言者ヨナの説教壇です。中央祭壇左手には、生前は医師であり数々の苦行から生還したラヴェッロの守護聖人パンタレオーネが祀られています。

Piazza Duomo Ravello
089-858029
www.duomoravello.it
9:00～12:00、17:30～19:00、無休
🟩 無料
MAP＊P.151

Ceramiche d'Arte Carmela
チェラミケ・ダルテ・カルメラ

センスの光るキッチン雑貨と陶器

　30年以上の歴史を持つ陶器とクロス、キッチン雑貨などを扱うお店。アマルフィ海岸エリアにある陶器の町ヴィエトリのそれとは全く違い、幾何学的で現代的な柄の陶器が多くそろっています。もちろんすべてハンドメイドで、ひまわりやブドウなど地中海ならではの絵柄も。オーナーの奥さんのカルメラさんがデザインを考え、製品化しているそう。ひとつあるだけでがらりと食卓の雰囲気を変えてくれそうな食器や、吸水性抜群の高級リネンでつくられたテーブルクロスなどが並びます。折りたためて軽く、割れない布製の小物入れは、おみやげにぴったり。アマルフィ海岸らしいレモン柄がおすすめです。

小物入れ€15。「イタリアではパン入れとしても使います」とアルフォンソさん。

1／めずらしいモノトーンの陶器も。繊細で美しいテーブルウエアです。　2／上質なリネンのテーブルクロス類が色、柄ともに充実。

幾何学模様のシリーズが人気。大皿が2サイズあるほか、ボール、マグカップなど€49〜。

Via dei Rufolo,16 Ravello
089-857303
www.facebook.com/
ceramichedartecarmela
4〜10月9:00〜20:00、
1〜3・11・12月10:00〜16:00、
1〜3・12月の水火曜休
MAP＊P.151

Caffè Calce
カフェ・カルチェ

地元っ子御用達のカフェ

　丘を渡る涼しい風が吹く、大聖堂広場にあるカフェ。ジョバンニ・ボッカッチョ通り（Via Giovanni Boccaccio）にも店舗があり、地元の人たちに愛されています。店内では時間帯によりパスタ、パニーノなどの軽食や、お菓子なども楽しめます。夕方は、イタリア風ドーナツのボンボローニ（Bomboloni）の揚げ立てが並びます。

Via Roma,2 Ravello
089-857152
www.facebook.com/caffecalce/
8:15〜22:00、2・3月休
英語メニュー　○
MAP＊P.151

1／大聖堂広場のテラス席は観光客も多いですが、ジョバンニ・ボッカッチョ通りの店舗は地元客が中心です。　2／ノンアルコールドリンクのクロディーノ（Crodino）€5と、麦芽コーヒー（Orzo）€3.50。

Baffone
バッフォーネ

観光地だけど、ちゃんと手づくり

　観光地のジェラートって、ちゃんとお店でつくられているの？　と疑ってしまうことがありますが、このお店は小さいながらもカウンターの裏に工房があり、しっかり手づくりしています。絹のつやのようなダークチョコは、人工着色料などではなくチョコレート自体の色なのだそう！　フルーツ系もおすすめです。

Via Roma,48 Ravello
089-857152
www.facebook.com/baffoneravello/
15:00（土日曜11:00）〜20:00、1〜3・11・12月休
英語メニュー　○
MAP＊P.151

1／カップまたはコーンの2フレーバーで€3。通常15種類以上の味が並びます。　2／人気はチョコレート系、フルーツ系、ピスタチオだそう。

Ravello

ルフォロ荘の庭園や海岸線を一望できる抜群のロケーション。ホテル・ルフォロの4階にあり、ビジターでも気兼ねなくゆったり食事ができます。

Ristorante Sigilgaida
リストランテ・シジルガイダ

海の見える絶景テラスのホテルレストラン

　ラヴェッロを代表する美しい庭園、ルフォロ荘のすぐ隣にある名門ホテル内のレストラン。高台のテラスの向こうに続くミノーリや、マイオーリなどのアマルフィの海岸線をながめながら、喧騒を離れて落ち着いて食事をいただけます。おいしい自家製パンやお通しのサービスが、料理への期待を高めてくれます。メニューはクルード（生）、タコのグリル、ボンゴレなどベーシックなシーフードをベースに、ナポリ風のジェノベーゼパスタ、チーズたっぷりのズッキーニのパスタなどの郷土料理も味わえます。日本人スタッフがいて、メニューの説明や相談にも応じてもらえるのがうれしい。

1／レモンのリゾットとスモークサーモンは、リコッタチーズでクリーミー感を添えながらもさっぱりした味わい。　2／南イタリアでよく食べられるスカローラという野菜が入ったパイに、ペコリーノチーズのソースとオリーブがぴったり。

Via San Francesco,1 Ravello
089-857133
www.hotelrufolo.it
12:00～14:30、19:00～21:30、
1～3・11・12月休
英語メニュー　○
MAP＊P.151

Cetara
チェターラ

漁船が停泊するふ頭は、チェターラの全景が見渡せる私のお気に入りスポット。

魚醬ソースで脚光を浴びる漁師町

　サレルノの町からSITA社のバスに乗り、ヴィエトリを通過し約30分。海沿いに建つ中世の見張りの塔を過ぎてまもなく、チェターラのバス停に到着します。バス停付近には何もありません！　実は橋の上にバス停があります。道路を渡って階段を下りるとレストランのサン・ピエトロがあり、さらに階段を下りるとメインストリートのコルソ・ガリバルディ通り（Corso Garibaldi）に出ます。右方向に歩いていくと海が見えてきます。

　チェターラは今でも海岸線唯一の現役の漁港で、サレルノ湾沖で細々と漁を続けています。ここでとれたカタクチイワシでつくる希少な魚醬ソース「コラトゥーラ・ディ・アリーチ」がスローフード協会の認定食材になると、グルメな観光客が訪れるようになりました。猫の額ほどの小さな町ですが、アマルフィ海岸の昔ながらの港町の風景が色濃く残っています。ぜひ立ち寄って、ふ頭をのんびり散策してみてください。聖人ピエトロが網を持って魚をとるチェターラらしい柄のサン・ピエトロ教会のブロンズの扉も必見です。年明けの正月連休から3月まではどのお店もほぼクローズしてしまうのでご注意を。

長時間かけてつくられる魚醬ソースは、チェターラが誇る食材です。

Cetara

1／海沿いの道にはカフェやレストランが数軒並んでいます。　2／こんな風景も今ではチェターラでしか見られません。

海辺の観光地では、なんでも売っている「よろずや」が今なお健在。

チェターラMAP

天国の鍵を持つ聖ピエトロと、魚を持つ聖アンドレア。兄弟はイスラエルの漁師でした。

1／チェターラの家庭では、クリスマスなどの祭事の時にコラトゥーラのパスタを食べます。　2／魚介料理の隠し味として、また塩のかわり使っても味にコクが出ます。　3／100mlで€20。味が濃いのでほんの少量、調理に使います。

Nettuno
ネットゥーノ

修道士のうっかりから生まれた調味料

　1600～1700年頃、チェターラの漁師が修道士に生イワシを届けました。修道士たちは生ものを口にしなかったので塩漬けにしましたが、うっかり1年半ほど放置したものが、コラトゥーラ・ディ・アリーチのはじまりだとか。蓋を開けると黒ずんだ液体が浮かんでいて、口にしてみると独特の風味と塩気があり、野菜の味つけに使われたそうです。製造過程で、現在はほとんどのメーカーが安価なプラスチック樽を使用しますが、こちらは味がまろやかになる木樽を使い18か月間熟成する昔ながらの製法を守る数少ない工房です。コラトゥーラ以外にもツナ、イソシのオイル漬け、パスタソースなども販売しています。

Corso Umberto I, 64 Cetara
089-261147
www.nettunocetara.it
9:00～13:00、16:00～20:00、
冬季9:00～13:00、
日曜・祝日休
MAP＊P.159

Acqua Pazza

アクア・パッツァ

地元食材をエレガントに表現

　チェターラのレストランならどこでもコラトゥーラを使った料理を食べることができますが、私のおすすめはこちら。可能な限り地元産の食材を使い、素材の味をいかしたシンプルな調理と、地元アーティストが手がけた個性的な店内のインテリアに、気持ちが上がります。地元産のイワシの塩漬けはマスト。テーブルでレモンの皮を削ってかけてくれるので、香りが広がります。そして、やっぱり食べたい！コラトゥーラ・ディ・アリーチのスパゲッティ。コラトゥーラをスポイトで少しずつたらし、味を調節して食べます。ドルチェも甘さ控えめでおすすめです。

1／海外出店のオファーを断り、地元にこだわるオーナーのジェンナーロさん。　2／あたたかいケーキのなかには、さわやかな柑橘風味のクリームがたっぷり。€10。

3／コラトゥーラのスパゲッティ€18は、シンプルであっさりした味わい。　4／生（クルード）を感じる、絶妙なバランスのイワシの塩漬けはオイルをたっぷりかけて。

Corso Garibaldi,36/38 Cetara
089-261606
www.acquapazza.it
13:00〜15:30、20:00〜24:00、
1月1日〜6日・11・12月不定期営業、
冬季の月曜・1月7日〜3月休
英語メニュー ○
MAP＊P.159

Vietri sul Mare
ヴィエトリ・スル・マーレ

陶器のショップがずらりと並ぶコルソ・ウンベルト1世通り。チェラミカ好きは素通りできません。

チェラミカの窯元がたくさん

　ガラスを意味するヴェトリ（Vetri）がなまって、ヴィエトリ（Vietri）。そう、「海の上のガラス」を意味する地名の通り、小さくて美しい町です。チェラミカ（陶器）の窯元が林立し、食器やタイルはアマルフィ海岸やナポリ、カプリ島など、この一帯のレストラン、邸宅のインテリアとして愛されています。黄、赤、緑など明るい色使いが多く、絵柄は、ヴィエトリ柄といわれる鳥をはじめ、レモン、ブドウ、ひまわり、オリーブなど地中海沿岸地域ならではのものが多く、最近は魚やタコなどのマリン柄も人気。町のあちこちに絵タイルが飾られていて、見ているだけでも楽しめます。窯元によって絵柄や色が違うので、食器好きの人なら一軒一軒見てまわっても飽きませんが、基本的には2時間程度の滞在で充分楽しめます。

　北はアマルフィ寄りのバス停や駐車場、南はヴィエトリいち大きなソリメーネ社の工場前までのびるコルソ・ウンベルト1世通り（Corso Umberto I）がメインストリート。SITA社のバスでサレルノ駅前からアマルフィ行きで約20分、アマルフィからはサレルノ行きで約1時間の距離です。

イタリア人には欠かせない、エスプレッソ用のデミタスカップ。おみやげにいかが？

Vietri sul Mare

1／ヴィエトリの町中にある看板や標識などは、すべてタイルでできています。　2／珊瑚やウニ、魚など海の生物は最近人気のモチーフです。

3／崖が切り立つアマルフィ海岸では、今でも荷物運びなどにロバが使われています。　4／たくさんのタイルで構成する絵タイルは、細やかな技術が要求されます。

ヴィエトリ・スル・マーレMAP

北側の駐車場には、人魚や魚の陶器オブジェが展示されています。

Le Ceramiche di Anna Rita

レ・チェラミケ・ディ・アンナ・リータ

繊細かつ精確な絵つけ技術

　工房は別にありますが、「お店のなかも半分工房状態よ！」と笑って話すオーナーのアンナ・リータさん。祖父の代から続く陶芸一家に育ちました。細やかな筆づかいと、シンプルでかわいいデザインが特徴的です。店内で素敵な猫柄タイルを発見！ 木枠をつけて壁飾りにしてもらいました。

1／小さなお店で雑然としていますが、かわいい陶器が見つかります。　2／この日は結婚式の引き出もの用に、イニシャル入りのお皿を制作中でした。

Via Diego Taiani,17/19 Vietri sul Mare
391-3534601　www.romoloapicella.it
10:00～13:00、15:30～20:00、
冬季土日曜10:00～13:30、祝日休
MAP＊P.163

Ceramica Solimene

チェラミカ・ソリメーネ

巨大工場でお宝探し

　小規模な工房が多いヴィエトリのなかで、ひと際大きな工場を持つ老舗のソリメーネ社。鳥をあしらったクラシックなヴィエトリ柄や、各企業やショップなどからのオーダー品を多くつくっています。ちょっとした発色ムラやごく小さなシミなどがあり出荷できないものを、工場併設のショップで安価で販売しています。

1／なかへ入るといろいろな形の陶器が大量に！ オリジナルの陶器をオーダーして、日本に発送してもらうことも可能。　2／1954年に建てられた大きな工場はインパクト大。

Via Madonna degli Angeli,7 Vietri sul Mare
089-210243
www.ceramicasolimene.it/ita/default.asp
10:00～19:00、土曜10:00～13:30、16:00～19:00、
冬季土曜10:00～13:30、日曜・1月1日・12月25日休
MAP＊P.163

La Vecchia Bottega

ラ・ヴェッキア・ボッテガ

カンパニアのこだわり食材

ジャムなどの食品やオリーブの木工品などが壁を埋め尽くし、店内奥にはサラミやチーズなどを販売するカウンターが。モッツァレラやスモークチーズ、サラミ、生ハムなどカンパニア州の食材から具を選べるパニーノが人気。サラミやチーズの盛り合わせとグラスワインなども、店先で楽しめます。

Corso Umberto I, 110 Vietri sul Mare
340-6266539
9:00〜23:00、冬季不定期営業
英語メニュー ×
MAP＊P.163

1／ハムやサラミ、チーズ類など厳選された食材が並んでいます。 2／少しお腹が空いている時など、店先で軽いおつまみとワインを楽しんでみて。

Bar Russo

バール・ルッソ

海風が心地いいオープン席

ヴィエトリの町の入り口となる駐車場広場やSITA社のバス停そばにあるバールで、隣には観光案内所もある便利な立地です。ちょっとしたクッキーやケーキ類などの甘いものもおいています。夏の間限定ですが、店前のテラス席からヴィエトリのパノラマを見ながらドリンクなどを楽しめます。

1／桃風味の紅茶（Te alla Pesca）と、ほどよいサイズがうれしいリンゴのケーキ。 2／中心部からは少しはずれた場所にあり、静かにひと休みしたい時におすすめのバールです。

Corso Umberto I, 170 Vietri sul Mare
089-761030
7:00〜23:00頃（早じまいもあり）、冬季火水曜休
英語メニュー ×
MAP＊P.163

食べずに帰れない！ アマルフィスイーツ

　アマルフィからサレルノ方面にバスで約20分。ミノーリという小さな町の海沿いに、サル・デ・リーソという1軒のお菓子屋があります。

　以前はこぢんまりしたお店でしたが、ヘーゼルナッツが入った、ビスキュイ生地にリコッタチーズと洋ナシをはさんだケーキ「リコッタ・エ・ペーラ (Ricotta e Pera)」と、レモンクリームとシャンテリークリーム（ホイップクリーム）などがかかったレモン風味のケーキ「デリッツィア・アル・リモーネ (Delizia al Limone)」が大ブレーク！オーナーパティシエのサルバトーレ氏は地元ミノーリの出身で、2010、2011年にイタリアのベストパティシエに選ばれたほどの腕前の持ち主です。デリッツィアに使われるレモンはアマルフィ産、リコッタ・エ・ペーラに使わるヘーゼルナッツはカンパニア州内でつくられたもので、地元の素材にこだわっています。ほかにも素敵なお菓子がたくさんあるので、ぜひ立ち寄ってみてください。

1／ケーキ類のテイクアウトは1品€6。イートインはサービス料が加算されます。
2／お店はバス停のすぐそばにあります。

3／ヘーゼルナッツのざらざら感と、クリームのなめらかさが混ざり、食べ応えのあるリコッタ・エ・ペーラ。　4／レモン風味のクリームなので、見た目よりずっとさっぱりした味わいのデリッツィア・アル・リモーネ。

Sal De Riso
サル・デ・リーソ

Via Roma,80 Minori
089-877941
www.salderiso.it
7:00～24:00、無休
英語メニュー ○

access　ミノーリへはサレルノ駅前からアマルフィ行きのSITA社のバスで約1時間、Minori下車

ナポリから日帰り旅
マテーラ&アルベロベッロへ

ナポリ発着のツアーを利用すれば、お隣プーリア州のアルベロベッロ、バジリカータ州のマテーラというふたつの世界遺産を1日でめぐれます。カンパニア州とはまた違った魅力を味わってみては？

大聖堂のフレスコ画「ブルーナの聖母」。毎年7月2日にお祭りが開催されます。

サッシ地区の北に位置するジョバンニ・パスコリ広場からのながめ。

Matera マテーラ

渓谷に広がる壮大な洞窟住居群

　世界遺産に登録されている洞窟住居群サッシ地区は、3つの地域に分割されています。大聖堂のあるいちばん高い場所がチビタ地区で歴史が古く、チビタをはさんで北がバリサーノ、南が見どころの多いカベオーゾ地区です。凝灰岩の丘に横穴を彫り、入り口にドアをつけた家が洞窟住居のサッシ（大きな石という意味）です。カベオーゾ地区には、1952年まで人が住んでいたサッシに当時の生活を再現した博物館カーサ・グロッタ、13世紀のフレスコ画が残るサンタ・ルチア・アッレ・マルベ教会、十字架が目印の大きな岩の教会サンタ・マリア・デ・イドリスとサン・ジョバンニ・イン・モンテッローネ（入り口は同じで別々の教会）などが見どころです。

1／トルッロはなかでつながっていて、通常は屋根ふたつ以上でひとつの家になっています。トルッロの複数形がトルッリです。 2／昔ながらの機織り機でつくられるリネン類も人気のおみやげ品。

とんがり屋根のトルッリ集落アルベロベッロは、かやぶき屋根の合掌造りで知られる白川郷がある白川村と、姉妹都市。

Alberobello アルベロベッロ

とんがり屋根に白壁のかわいい家々

　プーリア州の畑でよく見かけるかわいい小屋トルッリ。貧しい農民が開墾時に土から出てくる石だけでこの家をつくり、領主は王国からの徴税の見まわりが来るとすぐに家を解体させ、土地に戻して納税逃れをしていたそうですが、後世、モルタルづくりが許可されました。現在トルッリが集落として残っているのはアルベロベッロのみです。屋根ひとつがひと部屋で、トルッロと呼びます。町の中心のラルゴ・マルテロッタ広場を境に、お店やレストランの並ぶモンティ地区には約1100の屋根が、住宅地のアイア・ピッコラ地区には約400の屋根があります。屋根のてっぺんにはピナクルと呼ばれる装飾があり、壁は二層式で古いものほど厚みがあります。アイア・ピッコラ地区のサンタ・ルチア教会のテラスからは、トルッリのパノラマが見られます。

Piazza Italia

　1995年よりナポリを拠点にアマルフィ海岸やカプリはもちろんカンパニア州、バジリカータ州、プーリア州など日本人のみなさまに、南イタリア観光のお手伝いをさせていただいています。
　ショッピングや街歩きのアテンドから観光ガイド、専用車の手配、雑誌やTVのメディア・コーディネート、商業通訳を行っています。

　数多くの旅行会社があるなか、私たちを選んでくださるお客様には、本当に感謝しかございません。限られた時間のなかで、「南イタリア」ってこんな楽しい場所！ そして、「また行きたい！」と思っていただけるようにメンバー全員で励んでいます。
　Vi aspettiamo!（みなさまのお越しをお待ちしています）

1／大好きなポジターノの散歩道。　2／ソレントのマリーナ・グランデ。　3／セリアAナポリチーム選手控室のお守り。

Piazza Italia
www.piazzaitalia.info
Facebook　www.facebook.com/piazzaitalia1995
Instagram　www.instagram.com/ciao_piazzaitalia/

旅のヒント

日本からナポリへ

　ナポリ・カポディキーノ空港へは日本から直行便がないため、ITAエアウェイズでローマ経由約16時間、ルフトハンザドイツ航空でフランクフルトまたはミュンヘン経由、エールフランス航空でパリ経由、ターキッシュ エアラインズでイスタンブール経由など、ヨーロッパの各都市を経由すれば、同日到着が可能なフライトもあります。また、イタリア国内の各都市から各社高速鉄道(アルタ・ベロチタ、イタロ)でナポリ中央駅に行くことも可能です。ローマ・テルミニ駅からナポリまでは1時間10分で到着します。

ITAエアウェイズ
www.ita-airways.com/ja_jp
ルフトハンザドイツ航空
www.lufthansa.com/jp/ja/homepage

※2025年中にETIAS(ヨーロッパ渡航認証システム)が導入される予定で、イタリア入国時にも必要です。渡航前に最新情報の確認を

空港からナポリ市内へ

　カポディキーノ空港の到着ゲートを出てタクシー乗り場の先を200mほど直進すると、シャトルバス「アリブス(Alibus)」が市内まで運行しています。空港からナポリ中央駅を経由し、ベベレッロ港まで所要時間約30分(渋滞も多々あります)。20分ごとに運行し料金は€5で、チケットは車内、または空港出発ターミナル内のタバッキ(Tabacchi)といわれるキオスクのような売店で購入します。時刻表はANMのサイト(P.171)で確認できます。ただし夜遅くナポリに到着する場合はタクシー(中央駅までの料金目安は€35程度)やハイヤー(深夜、早朝料金€60〜)の利用をおすすめします。

ベベレッロ港

アリブス

カンパニア州内の移動

鉄道

　ナポリからエルコラーノ、ポンペイ、ソレントへはチルクムヴェスヴィアーナ鉄道(Circumvesuviana)が便利で、約30分ごとに終点ソレントまで運行。ナポリ中央駅と接続するナポリ・ピアッツァ・ガリバルディ駅は中央駅地下にあります。始発はポルタ・ノラーナ駅です。急なストライキ、遅延が頻発するのと、駅の治安があまりよくないので、注意が必要です。チケットは駅構内のタバッキで購入できます。カゼルタの王宮へは中央駅地上ホームからトレニタリア(Trenitalia)のレッジョーナーレ(普通列車)、アマルフィ方面への玄関口のサレルノへも同じくレッジョーナーレを利用します。

Circumvesuviana　www.eavsrl.it/web/
Trenitalia　www.trenitalia.com/en.html

船

　ナポリ湾の島々へは、高速船とフェリーが運航。高速船はベベレッロ港から、フェリーはベベレッロ港から東へ800mほど離れたポルタ・ディ・マッサ港から発着します。風が強く波が高い日は揺れるので、船酔いが心配な人はあらかじめ薬の服用を。高速船では、船内中央列の後部席が比較的揺れの影響を受けません。フェリーはオープンデッキで開放的。夏のバカンス期、とくに8月の当日券は満席で購入できないことがあるので、往復チケットをオンラインで購入することをおすすめします(アマルフィ海岸エリアの町をめぐる船についてはP.123参照)。

NLG社　www.navlib.it/en/
SNAV社　www.snav.it/en/
Caremar社　shop.caremar.it/en/
Alilauro社　www.alilauro.it
Medmar社　www.medmargroup.it

バス

　チケットはタバッキであらかじめ購入し、乗車の際に打刻が必要です。カプリ島はバスの待ち時間がかなり長く、チケット購入も長蛇の列なので、まとめて買いましょう。(アマルフィ海岸エリアの町を訪れる際に利用するSITA社のバスの情報はP.122参照)。

ナポリの市内交通

地下鉄 Metro

1・2・6号線の3線が運行。1号線は、中央駅と接続しているGaribaldi駅、ベベレッロ港とヌォーボー城に近いMunicipio駅、美しい駅で有名なToledo駅、スパッカナポリにあるDante駅、考古学博物館そばのMuseo駅、ヴォメロ地区のVanvitelli駅をつなぎ、観光にとても便利。8分から12分間隔で運行しています。2号線はトレニタリア社の運営で、中央駅地下ホームにあるNapoli Centrale駅からPozzuoli駅まで。6号線はMunicipio駅（1号線と接続）から革新的なデザインで人気のあるChiaia駅を通り、サッカースタジアムに近いMostra駅までをつないでいます（2024年12月現在、朝〜15:30まで運行）。朝、夕は混雑するので、スリに注意しましょう。
ANM（ナポリ公共交通機関）www.anm.it

地下鉄構内

ケーブルカー Funicolare

中央線、モンテサント線、キアイア線、そしてメルジェッリーナ線（MAP外）があります。ウンベルト1世アーケードそばにある中央線のAugusteo駅、朝市が立つピニアセッカ通りの奥にあるMontesanto駅が、サンテルモ城やサン・マルティーノ修道院がある終点のヴォメロ地区に行くのに便利です。10分間隔で運行（メルジェッリーナ線は15分間隔）。中央線は、毎時ちょうどと、30分に快速が運行し、終点まで直行します。

中央線

市バス Autobus

観光に便利な路線は、R2線中央駅〜コルソウンベルト〜ガッレリア・ウンベルト、R3線ガッレリア・ウンベルト〜メルジェッリーナ、R4線ダンテ広場〜カポデイモンテ通り（美術館まで200mほどの距離）、140線サンタ・ルチア通り〜ビットリア広場〜ポジリポ岬へ行く路線です。次のバス停を知らせる車内アナウンスはなく、ツーリストが利用するのは少しむずかしいかもしれません。また、スリがいることもあるので気をつけましょう。

チケット Biglietto

1回のみ乗車できるコルサ・シンゴラ（Corsa Singola）は地下鉄1・6号線のチケットが€1.50、市バスとケーブルカーのチケットが共通で€1.30。ナポリ市内の交通機関で有効な共通1日券のジョルナリエーロ（Giornaliero）は€4.50（地下鉄2号線は使用不可）。町のタバッキ、駅の券売機で購入が可能です。駅の券売機はクレジットカードも使用できますが、フリーズもよくあるので注意が必要です。バスは乗車後に打刻し、地下鉄、ケーブルカーは改札を通します。検札の際、打刻印がないものは、罰金の対象になります。

なお地下鉄2号線は、90分有効で、市営の乗りものにも1回まで乗れるTICチケット（TIC Napoli Orario 90 minuti）€1.80で乗車します。タバッキで販売しています。

タクシー Taxi

イタリアでは、流しのタクシーはありません。市内の大きな広場や駅の横などにタクシーの停車場があるので、そこから乗車するか、電話で呼びます。その際、個別番号を聞いて、自分が呼んだ車か確認して乗車します。料金は時間帯、荷物、場所などによって違うため、駅、空港、港などからはツーリスト向けに市が定めたフィックスレートが用意されています（料金表は後部席にかけられています）。ただし、動き出す前に行先をフィックスレートでと指定しないと通常通りメーター処理されるので、注意しましょう。お釣りの細かい小銭はチップとして渡すといいでしょう。

お金

通貨とレート

通貨はユーロ（€）。
1ユーロは約161円（2025年1月現在）。

クレジットカード

　VISAカード、マスターカードが中心で、ダイナースクラブカード、アメックスは一部の限られたお店でのみ使用可能です。イタリアは現在でも現金支払いが多いため、水1本など極端に単価の低いものは、カード払いを断られる場合もあります。スマートフォンによる日本の会社のキャッシュレス決済やバーコード決済は使用できません。

両替

　ユーロ圏内は通貨が統一され、町中に両替所はほとんどありません。空港や駅にある両替所で円からユーロへの両替は可能ですが、ユーロから日本円への両替はできません。また、銀行は身分証の提示や審査などもあり時間がかかり、ほとんどの場合受けつけてもらえません。イタリア国内ではレートが非常に悪いため、出発前に日本国内で必要最低限準備しましょう。

ATM利用

　クレジットカード、デビットカード、国際カードブランドつきプリペイドカードは、イタリア国内の銀行または郵便局（Poste Italiane）のATMでユーロでの引き出しが可能です。ATMの機械には使用可能な金融機関グループのロゴが記載されているので、カードを入れる前に確認しましょう。郵便局は支店も多くATMの数も多いのですが、休日の前日などは、現金が補充されていない場合もあり、引き出しできないこともあります。

　また、銀行により条件は違いますが、キャッシングは一日の上限額があります。高額の引き出しはオペレーションが途中でストップされます。ATMは人通りの多い場所で、日中の利用を心がけ、暗くなってからや人通りの少ない場所では、現金の引き出しを行わないようにしています。

チップ

　義務ではありませんが、南イタリアはチップの習慣が根強いため、レストランやタクシー、ハイヤー、ガイドなどを利用した場合、支払額の5％から10％の金額がチップの目安となります。レストランでは会計時にテーブルに残せばOK。ハイヤーやガイドなどへは、袋などに入れてお別れの時に渡しましょう。なお、ホテルの毎朝の枕チップは不要です。

時差

　日本とイタリアの間には8時間の時差があり、日本が正午の場合イタリアは午前4時と、イタリアのほうが8時間遅れています。3月の最終日曜から10月の最終日曜の間はサマータイムで、時差が7時間になります。ただし、今後廃止になる可能性もあります。

水

　水質は硬水で石灰分が多いので、石鹸が溶けにくく、洗髪や洗顔の際、肌が荒れることがあります。水道の水は飲めますが、硬水に慣れていない場合、ミネラルウォーターの購入を。スーパーなどでは500mlで€1が一般的で、ナトゥラーレ（Naturale／ガスなし）、ガッサータ（Gassata／ガス入り）エッフェルベシェンテ（Effervescente／微量天然ガス入り）の3種類が売られています。

トイレ事情

　観光地をのぞき、公衆トイレを町中で見つけるのはむずかしく、通常はバールで水やコーヒー、ガムといった少額のものを買って、トイレを借りるのが一般的です。トイレには便座がなく、涙が出るぐらい汚く、紙はないことが多いので、トイレが近い人は、除菌シートやポケットティッシュを日本から持参しましょう。また、デパートなどの大型店やレストランなどでは、トイレの入り口で掃除担当の人が小銭を要求する場合があります。その場合、10セント程度渡してあげましょう。

電圧とプラグ

イタリアの電圧は220V。日本から持参する電化製品が100〜240V対応のものであれば、Cタイプのプラグをつければ、変圧機不要でそのまま使用できます。スマートフォンやタブレット、パソコン、デジタルカメラのバッテリーチャージなどはほとんどがそのまま使えますが、ドライヤーを持参する場合は、よく確認したほうがいいでしょう。

Wi-Fi環境

ホテル、カフェ、レストランなどでは、ゲストに対して、ほとんどの場合無料Wi-Fiサービスを提供しています。高速鉄道や長距離バス内でも使えることがあります。

治安

ナポリは大都市で人口も多いため、犯罪に注意しましょう。レストランで食事中、バッグを横や背中においたり、写真を撮影している時にちょっと足元においたり、スマートフォンや地図で道を確認している間など、ついつい気がゆるんでしまいがちです。また、混雑時の列車やバスは、スリが乗車していることがあるので注意が必要です。暗くなってからの女性のひとり歩きはおすすめしません。街歩きの際は、高級ブランドの時計や貴金属などをはずして行動しましょう。

ナポリでは、路地をつないだスペイン地区、多くの有名ピッツェリアが並ぶスパッカナポリエリア、サニタ地区、中央駅付近のフォルチェッラ地区、メルカート地区などの夜歩きは危険です。アマルフィ海岸沿いの町、カプリ島やイスキア島、プロチダ島などの島は比較的安全ですが、どこにいても身のまわりには注意しましょう。

Ambasciata del Giappone in Italia
在イタリア日本国大使館
Via Quintino Sella,60 Roma
06-487991
www.it.emb-japan.go.jp/itprtop_ja/index.html

気候と服装

冬は1〜4月の頭頃までで、寒波が来なければ薄手のダウンとセーターなどで過ごせます。4月のイースターの祝日から6月頃は春満開となり、気温は20度以上になります。6〜9月末までは半袖とサンダルで過ごせる陽気で、気温も30度を超える暑い日が続きます。10月からさわやかな秋がはじまり、12月頃まで続きます。観光シーズンとしては、4〜10月がベストシーズンと思われますが、真冬でも天気がよければあたたかく過ごしやすいです。ただし冬時間の間は日が短いので、夕方5時には暗くなります。また、日中と晩の温度差があるため、夏でも屋外での食事には薄手のカーディガンなどを持参したほうがいいかもしれません。6月から9月までは、雨が降ることはほとんどありません。冬場はかなり空気が乾燥します。

イタリアの祝祭日

1月1日	元日
1月6日	主顕節
4月20日	イースター（2025年）＊
4月21日	イースターマンデー（2025年）＊
4月25日	解放記念日
5月1日	メーデー
6月2日	共和国記念日
8月15日	聖母被昇天祭
11月1日	全聖人の日
12月8日	無原罪の御宿り日
12月25日	クリスマス
12月26日	聖ステファノの日

※＊は移動祝祭日
※上記のほか都市ごとに、町の守護聖人の日（祝日）があります

おわりに

　2021年に初版を発売させていただいてから、読者の方々に直接コンタクトをいただき、ナポリやアマルフィ海岸に一緒に行くことができ、その反響にただただびっくりしました。現地で実際にお会いして話ができる！これ以上の幸せは、筆者にとって考えられません。

　約25年前、東京を離れたばかりの日本人女子にとっては、ナポリで暮らすなんて、全く考えられませんでした。ただ、やたらにおもしろく、おせっかいでやさしい人たちに、おいしい家庭料理！ という興味のブラックホールに落ちてしまいました。読者の方々にも底抜けに陽気な南イタリアを体験していただければと思います。

　日本での出版編集、ウェブサイトや広告の制作などの経験をいかし、一度はまると抜けられない！ ナポリの不思議な魅力をみなさんに共有していただけたら、という気持ちから、南イタリアの個人旅行情報サイト"Piazza Italia"を立ち上げました。コロナ禍以降、桁外れのオーバーツーリズム期を迎え、人気の観光地はもちろん、小都市のエコツーリズムや、個々のオーダーに寄り添うカスタマイズ化なども提案しています。

　ネット社会となった現在、多業種、個性豊かなお客様方と知り合う機会が増え、今回は本の執筆という私にとって大切な機会をいただくことができました。最新版の出版にあたり、紹介スポットと情報のリニューアルなどの作業を行いました。いつも最後までていねいに支えてくださった編集担当の鈴木さんにGrazie mille!

旅のヒントBOOK

新たな旅のきっかけがきっと見つかるトラベルエッセーシリーズ　A5判

◎お問い合わせ：イカロス出版 出版営業部　ikaros.jp/hintbook/

スリランカへ 五感でたのしむ輝きの島 最新版 定価1,980円	素敵でおいしいメルボルン&野生の島タスマニアへ 最新版 定価1,980円	南フランスの休日 プロヴァンスへ 最新版 定価1,980円	愛しのアンダルシアを旅して 南スペインへ 定価1,870円
トルコ・イスタンブールへ エキゾチックが素敵 改訂版 定価1,980円	太陽と海とグルメの島 シチリアへ 最新版 定価1,870円	ダイナミックな自然とレトロかわいい町 ハワイ島へ 定価1,980円	かわいいに出会える旅 オランダへ 最新版 定価1,760円
ダナン&ホイアンへ 癒しのビーチと古都散歩 最新版 定価1,980円	絶景とファンタジーの島 アイルランドへ 最新版 定価1,870円	ロシアに週末トリップ！海辺の街 ウラジオストクへ 定価1,650円	甘くて、苦くて、深い 素顔のローマへ 最新版 定価1,760円
スウェーデンへ ストックホルムと小さな街散歩 最新版 定価1,980円	食と雑貨をめぐる旅 悠久の都ハノイへ 最新版 定価1,870円	芸術とカフェの街 オーストリア・ウィーンへ 定価1,760円	レトロな街で食べ歩き！古都台南&ちょっと高雄へ 最新版 定価1,760円
ニュージーランドへ 大自然&街をとことん遊びつくす 最新版 定価1,870円	デザインあふれる森の国 フィンランドへ 最新版 定価1,870円	きらめきの国 ギリシャへ 太陽とエーゲ海に惹かれて 定価1,870円	心おどるバルセロナへ 最新版 定価1,760円
美食の街を訪ねて スペイン&フランス バスク旅へ 最新版 定価1,980円	BEER HAWAI'I 〜極上クラフトビールの旅 ハワイの島々へ 定価1,760円	遊んで、食べて、癒されて タイ・プーケットへ 定価1,650円	アドリア海の素敵な街めぐり クロアチアへ 定価1,760円

※定価はすべて税込価格です。(2025年1月現在)

祝 美也子　いわい みやこ

東京都生まれ。短大卒業後、ファッションメーカー、出版社、電話会社を経て1995年にフィレンツェへ渡り1997年よりナポリ在住。南イタリアの情報サイト Piazza Italia 主宰。
イタリア政府公認観光通訳士
カンパーニア州商工会議所公認 オリーブオイル鑑定士LIV2
「未来世紀ジパング　発酵食が世界を救う！南イタリア長寿の秘密」(テレビ東京)、「クレアトラベラー　イタリア理想の休日」(文藝春秋)、 ANA機内誌「翼の王国」ナポリ特集、フリーペーパー「イタリア好き」ナポリ担当ほか、多数コーディネート。
大好きな南イタリアの食材、大好きなイタリア料理と地中海で暮らす人たちのライフスタイルをこれからも発信していく。

文・写真	祝 美也子
デザイン	塚田佳奈、清水真子 (ME&MIRACO)
マップ	ZOUKOUBOU
編集	鈴木利枝子

最新版
ナポリとアマルフィ海岸周辺へ
魅惑の絶景と美食旅

2025年2月15日 初版第1刷発行

著者	祝 美也子
発行人	山手章弘
発行所	イカロス出版株式会社
	〒101-0051 東京都千代田区神田神保町1-105
	tabinohint@ikaros.co.jp（内容に関するお問合せ）
	sales@ikaros.co.jp（乱丁・落丁・書店・取次様からのお問合せ）
印刷・製本	株式会社シナノパブリッシングプレス

乱丁・落丁はお取り替えいたします。
本書の無断転載・複写は、著作権上の例外を除き、著作権侵害となります。
定価はカバーに表示してあります。
©2025 Miyako Iwai Ikaros All rights reserved.
Printed in Japan　ISBN978-4-8022-1569-5

旅のヒントBOOK
SNSをチェック！

＊海外への旅行・生活は自己責任で行うべきものであり、本書に掲載された情報を利用した結果、なんらかのトラブルが生じたとしても、著者および出版社は一切の責任を負いません